卓越循环

——企业生存、进化与防御之道

许雅珺◎著

经济管理出版社

ECONOMY & MANAGEMENT PUBLISHING HOUSE

图书在版编目（CIP）数据

卓越循环：企业生存、进化与防御之道/许雅珺著 . —北京：经济管理出版社，2023.4
ISBN 978-7-5096-8996-7

Ⅰ.①卓⋯ Ⅱ.①许⋯ Ⅲ.①企业管理—研究—中国 Ⅳ.①F279.23

中国国家版本馆 CIP 数据核字（2023）第 078887 号

组稿编辑：魏晨红
责任编辑：魏晨红
责任印制：黄章平
责任校对：张晓燕

出版发行：经济管理出版社
　　　　　（北京市海淀区北蜂窝 8 号中雅大厦 A 座 11 层　　100038）
网　　址：www. E-mp. com. cn
电　　话：（010）51915602
印　　刷：北京市海淀区唐家岭福利印刷厂
经　　销：新华书店
开　　本：720mm×1000mm/16
印　　张：14. 25
字　　数：218 千字
版　　次：2023 年 6 月第 1 版　　2023 年 6 月第 1 次印刷
书　　号：ISBN 978-7-5096-8996-7
定　　价：58. 00 元

序　一

企业的发展关键在于组织的进化能力

南京大学人力资源管理系主任　程德俊

企业管理是社会大发展的产物，在社会生产发展到一定阶段，大规模的劳动会随着计划、指挥、协调、控制等管理行为而发生。管理的存在使劳动能够服从生产要求，保证生产秩序的有效性，使运作效率大大提升。尤其是在科学技术日益发展、市场竞争瞬息万变的当下，企业管理让企业有明确的发展方向，让员工充分发挥自身潜能，让财务清晰、资本运作合理，让消费者的需求得到满足，它承担着前所未有的重任。企业的竞争不仅体现在规模上、速度上，更重要的体现在质量上、效益上。

随着社会价值观日趋多元化，新生代员工进入职场以及信息技术变革带来的深刻影响，使企业内部管理的挑战越来越突出，一系列管理问题相继出现，从战略到组织、从经营到人员，遍布企业管理的各个环节。

我在南京大学商学院从事企业管理研究工作20余年，担任过企业的独立董事，为企业做过管理咨询，见到过企业管理中存在的很多问题。这些年有不乏向我咨询企业管理问题的企业家、高管、人力资源负责人。

大部分管理者对企业管理存有疑惑，即便已经做到了CEO的位置。因为企业管理者并非生来就是管理者，他们经过一番摸爬滚打，才走到了现在的位置，具备很多实战经验。但环境是多变的，过去风生水起的行业今天可能就颠覆了，过去还行得通的路今天可能就不通了。当过去的经验不能用来处理当下问题时，企业管理者也会寻求管理咨询师等外界的帮助。

　　我与应许咨询相识已久，知道这是一支充满激情的创业团队，也是一支对专业有坚持、有追求的团队。看到他们在投身管理咨询服务的同时，还投入了大量的时间和精力去思考企业生存与发展的问题，并将多年的管理经验整理出来出版图书，我很高兴，也很欣慰。

　　就本书内容而言，是有很强的现实意义的。本书基于企业家、管理者、员工等多视角进行了思考，针对企业切实存在的问题探索解决之道。这样的一本书可以帮助管理者规避对问题片面的、公式化的、概念性的理解。

　　更难能可贵的是，本书借用了组织生态学理念，强调了组织在环境中的自我适应、发展、变革，以及内外部环境对组织的选择作用；强调了组织的自我进化能力，以及环境动态性的重要影响，体现了对企业管理较深的认识。

　　总之，这是一本有思考、有见地、有深度、读后有收获的书，非常值得一看，真诚地向各界人士推荐。

2022 年 10 月 10 日

序　二

企业的成长之路就是企业家的管理思想进化史

南京寒锐钴业股份有限公司总经理、董事长　梁杰

2017 年，时值寒锐钴业刚刚上市，南京炎阳似火。我思考如何用更现代化的管理让寒锐更上一层楼，认为找咨询机构会更好。经朋友介绍，我在一家牛肉火锅店见到了雅珺。

她绘声绘色地讲起应该如何建立和优化人才选择、激励和培养的机制，尤其是在组织如何形成管理闭环上有自己的独到的见解。她身上有一股劲儿——上进、强势，这与她优渥的生活背景以及文静的外表形成了强烈的反差。我想，这种特质在组织变革中会大有作用。

2017 年，寒锐钴业通过人力资源一体化项目初步搭建了科学管理体系，建立了企业的"大循环"和"小循环"系统。

2019 年，通过流程项目从战略、业务、支撑三个层面，梳理了一级流程24 个、二级流程90 个、三级流程395 个，织好了寒锐钴业的"毛细血管网"。

2022 年，岗位工作内容模板化、标准化、体系化的项目又为公司管理模式的全球复制打下了基础，先后在非洲、印度尼西亚的市场开拓上助力组织新陈代谢。

和应许咨询的合作之路，既是寒锐的成长之路，也是我管理思想的进化史。寒锐的管理方针一直在进化，因为场景在变化、需求在细化、目标更高远，做法自然需要进化。不变的是追求基业长青的心。

在企业成长过程中，大部分时间都是平淡如水的，在从量变到质变的临界

点到来的关键时刻，需要《人类群星闪耀时》作者茨威格笔下的那类人物勇敢地站出来，推动历史的巨轮往前走。雅珺也说过类似的话："Crisis 翻译成中文，既有危机的意思，也有临界点的意思。"对于寒锐钴业而言，我们就是提前做好准备，等待这样的时间点，然后去推动组织变革。过去我父亲如此，现在我也如此。

在和应许咨询团队的合作中，我时常为他们思考的深度和专业感到赞叹，尤其是遇事沉稳、抗压以及内心对工作表现的极致追求。整个团队温和谦逊、不唯才自恃，坚持学习、打磨、沉淀，这也是能够成书的原因之一吧。想来管理类书籍的写作是一件极其辛苦的工作。做、说、写是三种完全不同的能力，应许团队有谋、善决、能行，把管理实践的精华系统地总结出来，照亮了更多企业的管理进步之路。

今天，很高兴能够看到《卓越循环——企业生存、进化与防御之道》的出版。本书理论和实践都很饱满，脉络清晰，有很多实操案例。组织循环的实践做法既有实用性又紧扣前沿。在阅读样稿的过程中，深刻感受到许总通过写好一本书来帮助企业家所倾注的热情和付出的精力。我相信多年以后，她还会出版更多的好书，但本书是值得收藏的经典。

2022 年 12 月 10 日

序 三

管理万物的人

应许咨询创始人　许雅珺

作为一名管理从业者，写作此书的目的是分享自己成长历程中一些关于"管理"的收获。

人在一个领域成为专家，平均需要七年时间。2015~2022年，我一直从事企业管理工作，刚好七年。在本土和国际四大咨询公司从顾问做起，直到项目经理，后又创立了应许咨询公司。其间服务过的客户包含民营企业、国有企业和外资企业，行业横跨制造业、银行业、消费以及科技、媒体和通信（Technology，Media，Telecom，TMT）等。

我常为自己的顾问身份感到骄傲。如果咨询顾问需要两个基本的定位，我认为，一是能在管理科学层面做一名导师，二是能在管理实践、管理艺术层面做一名工匠。

一方面，帮助企业管理者，找到组织管理的"唯一最佳方式"，并一起试验及评估这些设计和方法。另一方面，当管理者遇到一些独特的情境时，他们必须在强大的压力下及有限的时间内作出决定，没有办法多做出计算和分析。这时他们需要仰赖的是直觉而不是技术。而咨询顾问，由于长时间处于这类情境下，积累了许多企业实践案例，同时积累了对当前情境的直觉。这对管理者来说是一个很好的辅助。

当然，这种直觉并不是毫无根据的，只是非理论性的。我所尊敬的管理学大师——明茨伯格就是这类管理艺术家的代表，曾引起过管理学界的震动。他研究顶尖的管理者的实际行为后发现，管理的效率是通过分析商业问题而长期积累的多种实战经验，是一种通盘的、无法分析的问题解决能力。

在本书中，我试图把这种"实战经验"和"问题解决能力"抽丝剥茧，落到纸面上，试图把企业生存、进化与防御的道、术、法具象化，向人们传达企业卓越循环的奥义。希望你读过本书后能知道如何进行组织管理。

若将人可以工作的时间按七年为限划分，人的一生中共有 5~7 次成为某个领域专家的机会。出版此书的 2023 年，在不断践行我的管理理念的同时，我带着在企业管理方面积累下来的智慧和直觉，又向资产管理行业进发，在不断践行我的管理理念的同时，希望七年后可以再次与您分享"管理"心得。

我想在这里向出版社和读者表达我的感谢。感谢您不是崇尚权威，而是探寻真理。感谢经济管理出版社相关人员的细心工作，感谢读者的信任和厚爱。

感谢我的客户，在无数个日夜里为企业管理的变革守望，以至于积累了本书中行之有效的方法和理念。

最重要的是，感谢我的团队，是他们的辛勤工作使本书顺利出版。希望此书能成为您某一时刻脚前的灯、路上的光。

2022 年 12 月 22 日

前 言

企业如何流水不腐，建立自己的内循环

一、历史性改革：国内大循环

2021 年国务院《政府工作报告》提出："把实施扩大内需战略同深化供给侧结构性改革有机结合起来，以创新驱动、高质量供给引领和创造新需求。破除制约要素合理流动的堵点，贯通生产、分配、流通、消费各环节，形成国民经济良性循环。"

国内大循环是站在更高的角度构建完整的内需体系，不仅强调消费端，还强调了生产、分配、流通等环节。

从长远来看，提出"国内大循环"不仅是为了应对全世界"百年未有之大变局"，更是中国改革开放 40 多年来又一次更深层次的改革。强调"以国内大循环为主体"的发展格局，对于我国产业升级、企业转型至关重要。

二、把握机遇：企业要打造自身的卓越内循环

近年来，全球经济低迷、市场萎缩，对外贸易受到很大影响，华为技术有限公司（以下简称华为）、TikTok、深圳腾讯计算机系统有限公司（以下简称腾讯）等不断被打压，很多大企业面临着巨大的压力，无数的中小企业要想活下去更是难上加难。《中国中小企业人力资源管理白皮书》调查显示，中国中小企业的平均寿命不到 2.5 年，每分钟有超过两家公司倒闭，每年有超过 100 万家企业倒闭。

在经济内循环之下，企业如何应对挑战、破局、突围？

经济内循环实质上是对经济的一次重构，是从高速增长阶段转向高质量发展阶段。一方面，为了迎接这次重构，企业不能一成不变，要从商业模式、团队、管理等各方面进行转型升级；另一方面，外贸受阻、构建国内大循环这一历史改革也警示企业，打铁还需自身硬，自身抗风险能力要强。在云谲波诡的商业环境中，企业自身要打造卓越内循环，形成强大的内驱力。

人体通过三大循环（大循环、小循环、淋巴循环）系统维持生存与健康，企业也存在这样的三大循环系统，各类系统协调配合，共同保证企业的生存发展。

大循环是企业生存的基础，包括企业运营系统平台、流程通路、激励。

小循环是企业的新陈代谢中心，包括人才发展、组织优化。

淋巴循环为企业提高免疫力，包括风险管理、监察审计。

本书分为三篇，分别围绕企业大循环、小循环、淋巴循环探讨企业管理的方针，如图 0-1 所示。

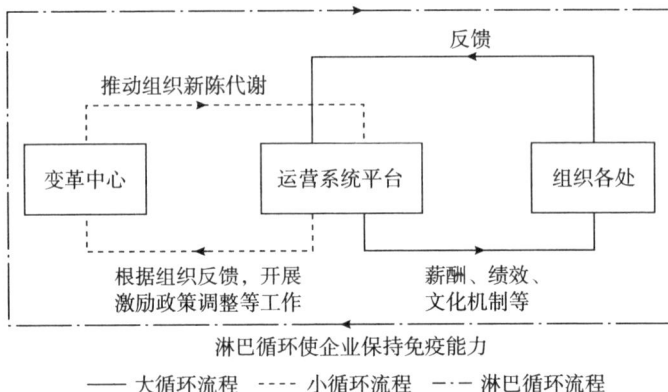

图 0-1　企业内循环示意图

目　录

第一篇

大循环是企业生存发展的根本

一个 70 千克的人由 7×10^{27} 个原子组成。这些原子与组成星尘、蚂蚁、花朵、石头等的原子并无二致，它们有些组成了碳基生物，有些以一般化合物的形式存在。地球经历了 46 亿年，以基本的宇宙物质创造出了人类这一天地间最神奇的生物。人的心脏每分钟跳动约 70 次，驱动 5 升血，完成 9.6 万千米的血液循环；骨髓内每分钟可以产生 1.5 亿个红血球……人的复杂程度之高并不亚于一个宇宙。

人体内各个系统既各司其职又相互影响、协同运作，使人作为一个统一的整体进行各项生命活动。企业是人类社会发展到一定阶段的产物，是社会的公器。企业也像人体一样有复杂的结构，内部各个组成协调工作，支撑其健康地运营。

人体存在维持生命基本运转的循环——大循环（又称体循环）。当心脏收缩时，血液经左心房由左心室泵血到主动脉，到达全身各毛细血管与组织细胞进行物质交换和气体交换，再经各级静脉，最后流回右心房。这样的血液循环就是人体大循环。人体大循环流程范围广，以动脉血滋养全身各处，保证机体新陈代谢的进行，是人体生存的基础。

企业也存在这样的大循环。运营系统平台是企业的最高指挥中心与中枢，中心发布的战略部署、决策指令通过组织结构及流程通路传达到企业各处，战略执行的结果又会通过组织结构及流程通路反馈到指挥中心。此外，企业还制定了激励机制，以确保整个联络过程的高效。超级运营系统平台、组织结构与流程、激励成为企业大循环的三大要素。

要素一：超级运营系统平台

超级运营系统平台是企业的心脏，包括一号位、高层管理人员（以下简称高管）团队、战略运营。

一号位是企业的灵魂人物，决定了企业的价值观和战略方向。每一个成功企业的背后，都有卓越的一号位的引领。一号位是企业的掌舵人、是企业文化的缔造者、是企业的精神核心。优秀的一号位能够挽狂澜于既倒、扶大厦之将倾，如稻盛和夫 424 天挽救日本航空公司。优秀的一号位是打造成功企业的重要因素之一。

高管团队是企业战略决策中心。任何组织和企业的成功都是靠团队而不是个人，过去、现在、未来均如此。卓越的一号位背后的优秀人物越来越被大家看到。例如，马化腾背后的五虎将、雷军背后的八大金刚。随着企业的发展，企业面临的内外部环境日趋复杂，一支有效合作的高管团队能够帮助一号位应对管理的复杂化和环境的变化，延伸了企业管理的边界与组织抗压的边界。

战略运营是企业核心组织能力。企业心脏要持续跳动，战略运营是关键。卓越的战略运营保证心脏发出的指令能够被严格执行、落实，是提高企业经营业绩和盈利能力的保障。

一号位、高管团队、战略运营作为企业超级运营系统平台，它们的强度决定了心脏跳动的强度，是企业的生存基础。

要素二：组织结构与流程

组织结构与流程是企业的毛细血管网。如同血液从心脏泵出，经毛细血管网流入身体的各个部分，组织结构与流程打通了企业的大循环路线。企业内部的业务流程、管理流程和支撑流程就是内部运行通路。

要素三：激励

激励是企业活力的秘密。有了血管通路以后，建立大循环的关键一步是让血液健康有效地流转——激发员工的能动性。员工作为组织中最大的载体，需要通过薪酬、绩效和企业文化等方式激励他们的能动性，最终提升组织表现。

1

第一章
超级运营系统
平台是企业的心脏

《礼记·大学》有言："古之欲明明德于天下者，先治其国；欲治其国者，先齐其家；欲齐其家者，先修其身；欲修其身者，先正其心。"意思是，要将正确的理念向天下人传播，应先治理好自己的国家；要想治理好自己的国家，应先管理好自己的家族；要想管理好自己的家族，应先修身养性、端正品思。阐述了一种由个人到国家再到天下的发展顺序。

古人诚不欺我，正心、修身、齐家、治国、平天下，又何尝不是现代企业的成功之本。正心是企业家明大道的过程，正所谓贤者以其昭昭使人昭昭，一号位要树立崇高的理想道德，并将其融入创办企业的信念中。修身是一号位自我修炼的过程，努力提高自身的道德修养和素质、以身作则才能让众人言出必行、令行禁止。齐家是一号位组建高管团队的过程。现代企业运营需要的不是一个万能的老板，而是需要能指挥一支高效合作团队的老板，通过合理分工，共同实现企业的核心目标。唯有如此，才能经营好一家公司，引领其在商场上叱咤风云，实现"治国、平天下"的崇高目标。

欲修外先修内，只有打好了自身的基础，才能逐步向外界扩展。这与《道德经》所述"人法地，地法天，天法道，道法自然"有异曲同工之妙。

羽翼未丰，不可先飞；羽翼既丰，扶摇直上。

一号位：为企业正道

"号位"是体育运动术语，如在篮球运动中，一号位是控球后卫，是球场上拿球机会最多、掌握比赛、组织进攻的人。在企业中，一号位和一把手的定义类似，指组织的最高领导人，是企业凝聚力的重要来源。他们为企业提供了生存的价值观，让员工心悦诚服、尽职尽责工作。他们将各级管理人员团结在一起，以自身为中心，形成一道又一道的同心圆。一号位凝聚力越强，则同心圆越大，企业越有发展与扩张的能力。优秀的一号位都在企业身上留下了足够深的印记，如乔布斯于苹果公司、克努德斯托普于乐高公司、任正非于华为。

在茫茫路上前行，企业需要有一位时刻保持清醒的掌舵人，定义企业前行的目标、把准企业前行的方向、引领企业走向成功。一号位无疑就是这样的掌舵人角色。无论是企业使命、愿景、价值观，还是身体力行地参与到具体事务中，这些都可以是一号位唤醒组织的方式。

高管团队：外熵减、内耗散

在当今及未来，人们所处的社会和经济环境似乎变得越发不稳定、不确定，越发复杂和模糊化，而这种高度复杂变化的环境状态实际上已经成为常态。企业应对这种经营环境，只靠一号位的个人能力是不够的，还需要高管团队的作用。

对外，高管团队让企业实现熵减。熵是一个物理概念，通常用以描述事物的混乱程度。事物的发展都遵循熵增定律，从有序走向混乱。企业作为一个生态系统，也经历着熵增的过程。企业结构日趋膨胀、老化，审批流程越来越长、节点越来越多，管理者思维越来越固化，知识越来越陈旧……如果不予抵抗，熵增的结果足以毁掉一家企业。因此，企业需要能量对抗熵增、实现熵减。高管团队可以与一号位共同提供抵抗熵增的能量。他们赋予企业的智慧与决心，他们营造的变革导向的组织氛围，他们组织管理的技术、方法，都是能量的来源。一支好的高管团队可以使无序归于有序，从而实现熵减。

对内，高管团队让企业形成耗散。耗散结构是指在非平衡状态下的一种新的有序结构，有助于企业吸纳新的事物，提高自身效率。企业不断地与外界进行着信息、资金、物质交换，将新的理念、思想、方法、技术等引入企业管理系统中。当企业越做越大时，信息交换就会越发频繁，决策难度会越来越高。企业需要一个有效合作的高管团队与一号位组成核心决策群体，相互配合、同商共量，提高组织的决策效率。一支好的高管团队还可以领导员工在复杂多变的环境中快速做出反应，向既定战略方向前进。

战略通过执行实现

战略执行力的强弱，最终决定企业战略的成败，这已经是当前企业界的共识。美国《财富》杂志在调查中发现："在多数情况下，约70%的企业问题并不是因为战略本身不好，而是因为战略执行得不好。"在好的战略制定的前提下，如果不重视战略执行，战略最终将无法真正落地，而且战略执行本身就是发现既定战略问题，及时调整甚至重新制定新战略方向的过程。

用兵的秘诀是以治为胜，不在乎众。胜负的关键并不在于有多少兵力，而是如何治理军队，如何让军队令行禁止，发挥出强大的执行力。企业也一样，执行能力的强弱将决定企业的实力。

一、一号位"唤醒"组织的四种方式

稻盛和夫先生曾说，企业是社会公器，而掌握企业命运的领导者有义务更有责任遵循人间正道，把好企业经营的方向盘，同时自身养成足以担当这一职责的高尚品格。一号位的使命是在社会责任感和使命感的驱动下，塑造一个强大的企业。一号位使命的核心是不断地唤醒组织，从而塑造强大的企业。

（一）大道唤醒

一号位通过大道唤醒组织。企业有所为、有所不为、有所必为，行走在一号位赋予它的大道上。何谓大道？就是企业的使命。

优秀企业的使命一定是超越纯粹商业价值，呈现对人类、对社会、对行业的价值。杰出的商业领袖都深谙此道。1939年，威廉·休利特和戴维·帕卡德创立惠普公司时，明确树立了"以技术贡献社会"这一经营目标，认为只要为社会做出贡献，收益自会随之而来。比尔·盖茨在创立微软公司时，提出要借助于技术的能力，给人类一个"看世界的窗口"。阿里巴巴网络技术有限公司（以下简称阿里巴巴）在公司官网上展示了其使命："让天下没有难做的生意。"马云说："阿里巴巴应该有赚钱的能力，但绝不应该成为一家因为赚钱而存在的公司。我们真正的使命，是用好技术和创新的力量，让世界经济更加普惠共享，可持续发展和健康美好。"

以使命统领公司发展

美国美敦力公司成立于 1949 年，是全球领先的医疗科技公司，致力于为慢性疾病患者提供终身治疗方案，在 2021 年《财富》世界 500 强中位列第 72 名。作为一家医疗健康公司，美敦力一直践行着"减轻病痛、恢复健康、延长寿命"的企业使命。

美敦力的企业使命是一以贯之的。美敦力成立第一年，营业额只有 8 美元，即便当时面临着生存的威胁，但已经树立了把电子设备植入人体内，帮助人类治疗疾病的想法。虽然在彼时，这样的想法还是科幻小说的情节，没有人相信能做到，但创始人厄尔·巴肯始终坚信：一定会有那么一天，电子设备会帮助人的各个器官抵抗疾病。于是，他从创立之时就为美敦力制订了一个百年计划。在这个百年计划下，他们一直坚持着自己的初衷，坚持为人类的健康事业保驾护航。

这是不容易的。虽然美敦力公司亏损了，但在使命的引领下，最终坚持了下来。直到后来，他们真的研发出了很多电子设备。如果不是真的信仰企业使命，如果他们为了"生存"而牺牲掉自己的使命，放弃了最初坚守的大道，那么就不会有今天的美敦力。

厄尔·巴肯为美敦力制订了百年计划，虽然他自己不可能把这个计划执行一百年，但他为继任者、为全体员工确立了公司的信念和使命。一号位的使命追求是企业使命的来源。一号位赋予企业明确、崇高、富有感召力的使命是引导和激发全体员工创造热情的持久动力之源。企业使命让每一位员工认识到工作的真正意义，产生自动自发、甘于赴汤蹈火的内在驱动。

（二）精神唤醒

一号位通过精神唤醒组织。企业无论大小都有自己的企业精神，它是一家企业群体风貌的展示，是企业员工共同的思想境界和理想追求。

精神唤醒的最高境界是能将能量转移，如任正非，华为 17 万员工实际上都深深受到他的影响。任正非的每一次观点都可以引发组织内成员，甚至是组织外人员的反思和共鸣。无论是公开信、讲话还是年度致辞，甚至是华为的广告，都明确传递了华为厚积薄发、坚忍不拔的价值观。这就是 17 万人能够达到"力出一孔，利出一孔"之功效的重要原因。

将激情、创新的企业精神镌刻在目标之路上

2021 年，比亚迪股份有限公司（以下简称比亚迪）完成了 100 万辆新能源汽车下线的任务。中国第一家、全球第三家新能源汽车企业已经当之无愧地成为新能源企业产业的核心参与者和主要推动力量。这一步，比亚迪坚定地走了 13 年。比亚迪的成功离不开其扎实的努力，离不开其一路奉行的激情、创新的企业目标。

比亚迪于 2003 年进入汽车行业，2008 年推出第一款车。作为汽车行业的新进者，比亚迪就确定了两个雄心勃勃的目标——2015 年成为中国第一，2025 年成为世界第一。

即便当时比亚迪已经拥有电池产品的优势，但进入一个新行业，挑战仍然是巨大的。作为公司的绝对精神核心，总裁王传福非常善于在公开会议上演讲，一直灌输激情、创新的企业精神，鼓舞员工士气。他说，"我们从制造业走过来，把市场当战场。一路走来，我们打了很多成功的仗，有很多成功的经验""中国人很优秀，非常勤奋、聪明……作为中国人，应该很自豪……1995~2025 年，公司发展 30 年成为汽车方面世界第一，这完全没有问题""比亚迪的汽车制造，一环比一环漂亮。F6 够大气、F5 够时尚，这完全是由我们自己设计的，我们为此感到自豪"。

王传福以企业精神激励组织的故事不胜枚举，贯穿于比亚迪发展历程中。2013~2021 年，比亚迪连续 9 年蝉联中国新能源汽车销量冠军，2015 年全国第一的目标已然实现。接下来，2025 年全球第一的目标拭目以待。

（三）行动唤醒

一号位以行动唤醒组织。很多领导者常常有疑问，该如何让自己的员工富

有激情、全力以赴地投入工作？其实一号位的言行对员工有强大的示范性和影响力，会无声地影响着员工。

著名企业的一号位都是自身充满活力，将其全部精力投入雄心壮志中，并且相信这样能够改变世界。如宗庆后、王健林，只要不出差，每天一大早就出现在办公室；又如董明珠，30 年没有休过假。

永不知疲倦的雷军

1992 年，雷军丢下航天部的铁饭碗加入金山公司，成为"6 号员工"，6 年后出任金山 CEO，几乎负责起金山所有的具体业务和日常经营。据金山早期员工回忆，雷军可以通宵达旦地工作，很长一段时间每天只能睡四五个小时。

2010 年，雷军创立了北京小米科技有限责任公司（以下简称小米），2014 年，小米实现了中国市场占有率第一名的目标。2015～2016 年小米遇到滑铁卢，跌出前五名。在销量暴跌 30% 的情况下，雷军亲自扛起"救火队长"的大旗，冲向一线接手手机部，找问题、拓展线下小米之家门店、成立质量部门并提出后续的战略目标"用望远镜看创新、用显微镜看品质"。

多年后回忆起那段时间，雷军仍记忆犹新：早上九点上班，到了凌晨一两点还坐在会议室里。有一天下班时，雷军数了数，这一天居然开了 23 个会。2016 年 3 月，雷军在中央电视台《遇见大咖》节目中透露，那个时候，他三分钟吃一顿午饭，平均一天开 11 个会。

就是在这样高强度的淬炼下，小米完成了对制造业的补课，真正进入了手机硬件制造领域。

如今，进入"知天命"年纪的雷军，再次开启人生中最后一次重大的创业项目——造车。这就是雷军，他似乎永远不知疲倦，他再搏一次。

以身作则的一号位，其人格魅力都非常突出，他们会吸引一批忠实的效仿者，使员工也愿意独立地思考、工作。这样既可以减少企业的监督成本，又可以让整个团队高速、有效、高质量地运转。

（四）利益唤醒

一号位以利益唤醒组织。商业生态圈的共生更多的是互利共生的生态系统，这是因为没有互利就不可能有长远的合作。企业组织亦然。天下熙熙，皆为利来；天下攘攘，皆为利往。企业要做大做强，需要让合作伙伴获得利益，让顾客买到高性价比的商品，让员工乐意为公司的发展出谋划策，这样才可以形成互利共赢的局面。

企业与合作方互利才能实现双赢。企业之间合作共赢的目的是整体利益最大化。如果合作时双方只强调"我赢"，就会走向双输的结果。只有双方都考虑为对方留足利润空间，才能确保合作关系的持久深化，实现可持续发展。只有让合作伙伴、利益相关方活得好，自己的企业才有可能活得更好。

沃尔玛与宝洁，从你死我活到合作共赢

1962 年，沃尔玛百货有限公司（以下简称沃尔玛）第一家折扣店开张，随后短短 40 年里，其凭借"天天低价"的价格策略，迅速扩张，成为世界第一大连锁店。

早在 1962 年成立之初，全球最大的日化用品制造商宝洁公司（以下简称宝洁）被沃尔玛选为供应商，但双方仅仅是纯粹的买卖关系，各自以自身利益最大化为目标，不愉快乃至冲突不断发生。1962~1978 年，宝洁和沃尔玛都企图主导供应链。沃尔玛竭尽所能压低进货价格，并声称任何一家企业都必须接受它的价格政策。宝洁态度更强硬，企图严格控制经销商和零售商，迫使它们贯彻宝洁制定的营销战略和规定。双方口水战以及笔墨官司使争斗进入白热化阶段，关系和利益都受到重创。宝洁产品的销售在国内受很大影响，沃尔玛也经常被爆出"压榨供应商""恶性竞争"的丑闻。

1987 年 7 月，宝洁副总经理普利切特决定改变双方的尴尬境地，于是通过朋友的关系，采取旅游的形式与沃尔玛的老板山姆·沃尔顿进行了会晤。双方一改以往对立的局面，开展了一系列基于互利共赢的未来发展的设想。

1987 年下半年，宝洁和沃尔玛开始了新合作关系的历程。双方组成了由

财务、流通、生产和其他各职能部门组成的、约 70 人的合作团队，沃尔玛公司借助先进的信息技术实行信息共享，对整个业务活动进行全方位的协作管理。例如，针对宝洁的纸尿裤产品构筑了及时（Just In Time）型的自动订发货系统，使沃尔玛店中宝洁的纸尿裤的周转率提高了 70%；同时宝洁的纸尿裤销售额也提高了 50%，达到了 30 亿美元。这次合作取得的巨大成功，为沃尔玛和宝洁推进深层次合作打下了良好的基础。

1996 年后，双方将合作领域从物流层面拓展到客户关系管理、零售商联系平台以及人员培训等多个方面，为双方带来了丰厚的回报。贝恩公司的一项研究显示，2004 年，在宝洁 514 亿美元的销售额中，有 8% 来自沃尔玛；沃尔玛 2560 亿美元销售额中，有 3.5% 归功于宝洁。

与员工互利，企业才能得到良性发展。《基业长青》的作者之一吉姆·柯林斯强调，企业要办得长久，一定要留住老员工。他们对企业更有感情，只有让那些对企业有感情、对企业起重要作用的人安安稳稳地留在企业，企业才能够安安稳稳地发展下去。

与员工互利体现在以下两个方面：一是经济上的互利。在部分企业家观念中，企业与员工之间是在进行零和博弈。因为员工的薪水是企业的支出，所以从员工身上省下来的钱就是企业多出来的利润。这样的观点是短视的。金钱是员工从事一份工作最基本的需求，只有需求得到真正满足时，员工才愿意为企业付出。二是为员工着想，真正地以员工为本。以员工为本意味着管理者能够听进员工的不同意见，能够运用多元化渠道与员工保持沟通，能够运用各类激励手段满足员工的需要、最大程度地激发员工的创造力。

二、"DIRECT"模型——让高管直接成团

应许咨询团队（以下简称应许）在工作过程中调研过很多企业，其中有些中小企业在度过创业生存期后面临发展瓶颈，但迟迟不能发展壮大。虽然企业的成功需要天时、地利、人和，但调研显示这些企业有一些共同点。

这些企业的创始人在创业初期凭借个人的客户资源和个人胆识使公司顺利生存下来。但是，有的企业在多年的经营中，主要还是依靠创始人的个人关系招揽客户，业务发展也不稳定，内部管理仍然处于初期状态。从创始人角度来看，无论是经验、投入，还是资源都不比别人差，但为什么企业总是发展不起来呢？

分析发现，主要原因在于创始人是公司的唯一决策者和任务承担者，没有人一起商量重大决策事宜，也没有人分担公司的关键任务，事情无论大小都要亲自决策。凡事亲力亲为会使创始人无暇思考更高层面的问题，从而限制了企业的发展。

企业在发展过程中，经营环境会越来越复杂。为了适应复杂多变的经营环境，企业不能仅靠一号位决策，而是需要核心决策群体（Core Decision Group，CDG），即高管团队共同决策。企业所处阶段不同，一号位和高管团队的配合方式也不同。核心决策群体的组织形态随着企业的发展壮大会经历以下几个阶段，如图1-1所示。

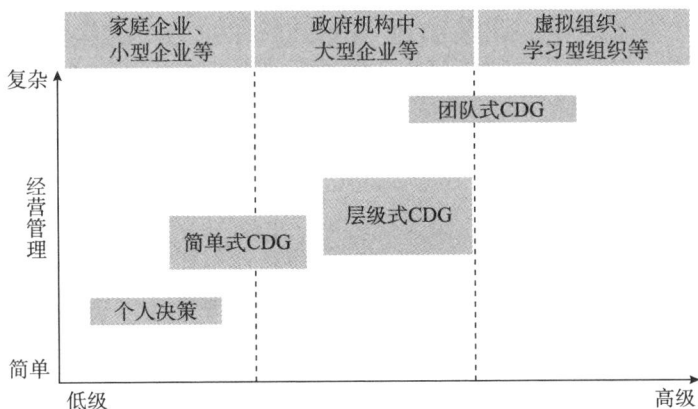

图1-1　核心决策群体的组织形态

（1）在创业初期或者公司规模很小的时候，多是一号位做出决策，其他人只要保持高效的执行力，做好其强有力的助手即可。随着公司发展，业务规模扩大，管理日趋复杂，一号位需要借助他人的力量，提高决策的精准度。因此，在一些核心问题上，一号位需要与核心团队成员共同商定，简单的 CDG 模式在该阶段形成。

（2）企业发展到中等规模阶段，主营业务开始稳定，规模做大，有可能开始探索多产品、多地域的规模化发展。公司竞争从上个阶段的"肉搏战"变成"阵地战"。组织的人员规模也有了显著增长，事情越来越多。大多数一号位已经不可能有精力从头管到尾，凡事亲力亲为。在这个阶段，一号位需要几个得力高管，形成层级式 CDG，帮助其分担战略和战术上的责任。

（3）公司发展再上一个台阶，已经实现多产品、多地域的规模化发展，人数规模再进一步增加。在大型公司之下，可能还有区域公司/分公司，也可能开始有一些相关的多元化业务。这个阶段的企业更需要团队式 CDG，一号位和高管团队共同帮助企业建立和迭代系统，推动积极、可持续的变革。

企业发展壮大的过程也是企业 CDG 进化的过程，而在这个过程中，一号位和高管团队要不断自我超越，实现从一号位的单核驱动向整个高管团队的多核驱动转型。

美团的核心决策小组——王兴和他的十大金刚

北京三快科技有限公司，即美团用核心决策小组及委员会体系管理公司。美团目前有 S-team 和 G-team 两个核心决策小组和十几个委员会。核心决策小组负责公司业务的重大决策，委员会负责人才培养和知识沉淀。

美团的最高决策机构是 S-team（Senior team），目前一共八人，包括王兴、穆荣均、王莆中、张川、陈亮、陈少晖、李树斌、郭万怀。公司重要决策都需要通过该机构商议和表决，如战略制定、人事任命、新业务开展等。

2021 年 10 月 27 日，美团在内部小范围宣布成立特别小组，负责零售相关业务的讨论、决议。特别小组有五名成员，分别是王兴、王莆中、陈亮、郭万怀和李树斌。该小组后来取名为 Goods-team（商品小组），简称 G-team。

美团的核心高管非常集中，没有设立首席技术官（Chief Technology Officer，CTO）、首席营销官（Chief Marketing Officer，CMO）、首席人力官（Chief Process Officer，CPO）等岗位。技术、产品、渠道等业务线都统一归业务一号位管理。美团业务多元且复杂，各业务线独立汇报，效率更高。

美团成立了分管产品、技术、商业分析等十几个委员会。美团委员会主要以岗位划分，作用在于晋升运营、标准化建设、人才培养和知识沉淀。美团此前的人力负责人刘琳来自腾讯，这套委员会体系正是效仿腾讯。

王兴是风险管理委员会主任、产品委员会顾问和社会责任委员会主任。

一位美团人士称，王兴的主要精力放在公司战略、方向的把控，"做少数且重要的决策"。

一个企业成功的背后，一定有一支有效的高管团队在发挥着作用。企业的发展壮大也给予了高管团队相应的价值回报。企业需要有效的高管团队，两者是相辅相成的关系。那么，企业该如何打造一支有效的高管团队呢？

（一）以共同的情怀和利益为基础

情怀是什么？情怀是理想。那理想又是什么呢？理想就是使命。提到使命，大家自然想到企业文化的三要素：使命、愿景、价值观。

使命是企业创立和发展的意义。愿景是未来的长远目标。这两者包含了企业家创业时的初心，更加强调社会责任甚至是更高的追求。使命、愿景可以结合成一句话，如华为的"把数字世界带入每个人、每个家庭、每个组织，构建万物互联的智能世界"。价值观是企业内部达成的一致认同、遵守的底线、行为准则和信仰。

使命、愿景、价值观决定了企业的发展方向和经营理念，只有方向和理念一致，高管团队才不至于力量分散、互相消耗。高管团队有效合作的重要基础是志同道合，使命和愿景就是"志"，而价值观就是"道"。只有志同道合，在遇到利益纷争的时候，才可以用更高的情怀、价值观、责任感来化解许多矛盾。

高管团队的有效合作不能只谈情怀，还需要利益捆绑。真格基金创始人、新东方联合创始人徐小平经常说两句话：不要用兄弟情意来追求共同利益，这个不长久，一定要用共同利益追求兄弟情谊；不能纯粹为了理想去追求事业，但你的事业一定要有伟大的理想。

既有情怀又有利益，才能更有效合作。如何进行高管团队的利益捆绑，目前很多企业采用的方式是股权激励。关于股权激励要如何做详见第三章。

（二）以优势互补为关键

一个团队需要的并不是每个人自身都平衡完美，而是所有人都能做到与他人完美平衡。

历史上团队合作的典范首推刘邦的团队。在刘邦的团队中，既有力量型性格的韩信、樊哙、周勃、曹参、夏侯婴等在前方冲锋陷阵，又有和平型性格的萧何在后方默默支持粮草后勤，更有头脑灵活和、能说会道的张良、陈平出谋划策，整个团队逐渐由弱小变为强大。这样一支优势互补、配合默契的团队，是刘邦取得楚汉之争胜利的重要砝码。

上海携程商务有限公司（以下简称携程）和如家酒店集团（以下简称如家）是由同一支创业团队打造的。在这个团队中，在美国接受教育并工作多年的沈南鹏、梁建章，与接触过国外文化的民营企业家季琦、国有企业管理者范敏，构成了一个奇妙的组合，并取得了共赢。他们为中国企业树立了一个高效合作团队的榜样。

企业高管团队要从工作所需的性格、能力等方面着手，进行人员搭配。高层管理的重要事项可能因企业不同而有差异，但都包括三类事项。首先，确定企业的使命和战略目标。其次，组织和搭建人才队伍。最后，维持重要的外部关系，包括政府、关键客户、关键供应商、金融机构等外部关系。这些任务要求高管具有不同的能力和气质，有的任务需要敏锐洞察市场、意志坚定，有的任务需要了解他人、体谅他人，具备与他人友好合作的能力，这就决定了其团队成员的搭配原则。

应许根据多年企业实战辅导的经验，提出高管团队"DIRECT"模型。

实干家（Doer）：以任务为导向，关注目标达成，意志坚定。

创新家（Innovator）：以解决问题为导向，善于创造新点子，系统性解决复杂问题。

社交家（Relationship）：人际导向，共情能力强，关注过程。

落实家（Execute）：以执行、落实为导向。

自我控制（Control）和自我约束（Tie）：所有高管在意识层面上要始终保持高度警惕，始终保持自我约束。

知名企业的高管团队亦是如此，他们性格各异、各有所长，组成团队后完美地将优势最大化，成就强大的企业。国内知名企业如腾讯，其创业初期的高管团队被称为腾讯五虎将，五人各具特点、各展所长、各管一摊，最终成就了腾讯。

腾讯五虎将，难得的黄金创业团队

腾讯的创业五兄弟，堪称难得，其理性堪称标本。1998年的秋天，马化腾与他的同学张志东注册了深圳腾讯计算机系统有限公司。之后又吸纳了三位股东：曾李青、许晨晔、陈一丹。

为避免彼此争夺权力，马化腾在创立腾讯之初就和四个伙伴约定清楚：各展所长、各管一摊。马化腾是首席执行官（Chief Executive Officer，CEO），张志东是首席技术官（Chief Technology Officer，CTO），曾李青是首席运营官（Chief Operating Officer，COO），许晨晔是首席信息官（Chief Information Officer，CIO），陈一丹是首席行政官（Chief Administrative Officer，CAO）。

之所以说创业五兄弟"难得"，是因为直到2006年，这五人的创始团队还基本保持这样的合作阵型，不离不弃。直到2012年，其中四个还在公司一线，只有曾李青挂着终身顾问的虚职而退休。

都说一山不容二虎，尤其是在企业迅速壮大的过程中，要保持创始人团队的稳定合作尤其不容易。在这个背后，工程师出身的马化腾从一开始对于合作框架的理性设计功不可没。

从股份构成上来看：五个人一共凑了50万元，其中马化腾出了23.75万元，占了47.5%的股份；张志东出10万元，占20%的股份；曾李青出资6.25万元，占12.5%的股份；其他两人各出资5万元，各占10%的股份。马化腾的考虑是"要他们的总和比我多一点点，不要形成一种垄断、独裁的局面"。而同时，他自己又出主要的资金，占大股。"如果没有一个主心骨，股份大家平分，到时候也肯定会出问题，同样完蛋。"

保持稳定的另一个关键因素，就在于搭档之间的"合理组合"。

《中国互联网史》作者林军回忆说："马化腾非常聪明，但非常固执，注重用户体验，愿意从普通用户的角度去看产品。张志东是脑袋非常活跃，对技术很沉迷的一个人。马化腾技术上也非常好，但是他的长处是能够把很多事情简单化，而张志东更多是把一个事情做得完美化。"

许晨晔和马化腾、张志东同为深圳大学计算机系的同学，他是一个非常随和而有自己的观点，但不轻易表达的人，是有名的"好好先生"。而陈一丹是马化腾在深圳中学时的同学，后来就读深圳大学，他十分严谨，同时又是一个非常张扬的人，他能在不同的状态下激起大家的激情。

如果说，其他几位合作者都只是"搭档级人物"的话，只有曾李青是腾讯五个创始人中最好玩、最开放、最具激情和感召力的一个，与温和的马化腾、爱好技术的张志东相比，是另一个类型。其大开大合的性格，比马化腾更具备攻击性，更像拿主意的人。不过或许正是这一点，也导致他最早脱离了团队，单独创业。

除了团队成员的优势互补，腾讯五虎将在创业过程中时刻保持着高度警惕和高度约束。尤其是互联网的世界更加无序、开放，不断推翻旧的事物、创造新的事物，因此不能躺在既有的业绩上沾沾自喜。腾讯历史上曾有三次大的组织变革：第一次是2005年"BU"（Business Unit）变革，为了应对多元化业务的发展。第二次是2012年，从BU制变成了BG（Business Group）制，主要是应对移动化大潮。第三次是2018年，成立云与智慧产业事业群、平台与内容事业群，扎根消费互联网，拥抱产业互联网。为了应对大数据、云及人工智能，腾讯又将迎接下一轮组织变革的挑战。

不难看出，腾讯五虎将的搭配十分符合应许的"DIRECT"模型。马化腾注重用户体验，愿意从普通用户的角度去看产品，是实干家角色。张志东、许晨晔对技术很沉迷，总能创新地解决技术难题，是创新家角色。陈一丹十分严谨，是落实家角色。曾李青的开放激情与温和的马化腾、爱好技术的张志东相比，是另一个类型，是社交家角色。互补搭配的高管团队在波涛骇浪中保持警惕与自我约束，使企业在遇到挑战时有机会变革再生。

（三）以透明的沟通机制为保障

透明、高效的沟通机制是高管团队发挥最佳绩效的保障。在组织内，高管之间存在一些潜在的竞争关系，很多人会以掌握核心信息的多少来彰显权力。长此以往，组织很容易滋生出很多的桌下沟通，造成信息传递的有效性下降，甚至可能被曲解。保障高管团队能够一如既往地合作，需要有透明的沟通机制。

高效的沟通机制有利于提高高管团队的工作表现。第一，企业中很多问题是因为成员间彼此不理解而导致的。每个人都有自己的处世逻辑。由于生活经历、受教育程度等不同，即便是高管团队，对于同一事物的理解也会有所不同，所以，加强透明沟通也是加强相互理解的过程。第二，高效的沟通机制有利于工作信息的快速传达、接收，从而加强整个团队的配合。

沟通机制有正式和非正式两种。正式沟通可以通过战略澄清、战略解码、反思复盘等会议，让团队在重要事项上达成共识、意见保持一致。在战略澄清会上与公司的主要客户、竞争优势达成共识；在战略解码会上对公司年度目标、经营预算、内外部环境共同分解；在反思复盘会上复盘目标、复盘结果、复盘原因，共同总结经验、吸取教训。定期会议的正式沟通，使高管团队在重要事项上有共识，在重要信息上互通有无。

非正式沟通更多是人际上的连接，如一起用餐，一起走戈壁等，通过共同经历、共同体验去提高人际连接的质量。非正式沟通相对简单，更容易做到，高管除了一起谈工作、做事业，也需要安排时间谈心。

三、如何让战略落地——打好必胜战役

当今社会信息越来越透明化，企业学习的速度越来越快，发现战略的蓝海

越发艰难。银行都在谈论零售转型、中间业务、互联网金融；资本都在追逐共享概念，共享雨伞、共享电动车、共享充电器。在残酷的竞争之下，蓝海变成红海已成为意料之中的事实。

在激烈的商业竞争中，战略越来越同质化。另外，战略是在对未来环境和企业的资源、能力及面临的机会做出判断的情况下制定的，但企业的环境、资源和能力在不断变化，产品和企业本身的寿命周期也在不断变化，这些变化只有在战略实施的过程中通过计划体系和运作才能逐步做出调整和适应。

在这种环境下，越来越多的管理学者和企业家认为，一个合适的战略如果没有有效的实施，就会导致整个战略的失败。有效的实施不仅可以保证一个合适的战略成功，还可以挽救一个不合适的战略或者减少它对企业造成的损害。

大家都认识到战略执行的重要性，但有多少企业是有效地执行了战略规划呢？美国光辉国际合益集团曾做过一个调研，数据显示，只有10%~15%的公司认为自己很好地执行了战略。研究发现，大多数企业在执行战略时都存在着障碍。

高管团队没有形成共识是第一种常见的障碍。应许团队曾服务一家公司。这家公司刚请了著名的战略咨询公司给它制定战略。当时该公司董事长和总裁都觉得高管团队对于战略的认知肯定是非常清晰的。于是，应许在会议现场让企业的七个高管分别在纸上写下未来一年公司必须打赢的几场关键战役是什么，每个人写三条。结果拿到的答案有十几条。这说明企业高管对企业战略的理解、理解的程度不是一致的。这样的认知不一致一定会在战略执行的过程中引发高管间的争议，阻碍战略的落地。

中基层没有参与行动分解过程是第二种常见的障碍。其实在很多企业中，员工并没有参与战略行动分解的过程，只有少数高层参与了关键行动计划的分解。对于一个新的战略而言，如果对其没有充分的认识和理解，就会加深它在执行过程中的矛盾；如果员工及中层管理者对其没有充分的认识和理解，那么它的落地就得不到拥护和支持，甚至会遭遇重重矛盾。对于同一件事情，如果大家只看到了事物的反面，却没有看到积极的层面，改革就容易遇到阻力。因此，战略的实施是一个发动广大员工的过程。

资源分配没有切合战略发展的目标是第三种常见的障碍。绝大多数企业没有把预算与战略相联系，企业组织预算分配过程与战略的制定和管理环节脱离。一方面制定关注企业发展的战略；另一方面仍旧按传统做法编制关注企业短期目标战略的预算，使人力资源和财务资源的分配不能切合企业战略发展的目标。各部门都只关注自己部门利益最大化，忽视了部门之间的合作。月度报告和分析会议仍旧只关注实际结果与预算的差异，忽略了战略目标的进展。各部门只关注自身目标的实现，忽视了彼此工作整合的必要性。

针对以上存在的重重障碍，应许在为上百家企业服务时，都是通过开展战略解码进行解决。战略解码是将公司为了实现战略和组织目标而必须打赢的仗进行清晰的描述，并转化为具体行动，同时形成绩效合约的过程。

第一步：厘清必须打赢的几场仗

什么叫必须打赢的仗？指公司高层管理层面一定要讨论清楚公司在未来1~3年必须打赢的几场关键战役是什么。

这些必须打赢的几场仗必须承接公司愿景及长期的发展目标，可以从内外部面临的挑战及内外部客户的需求去考虑。讨论的方式是高管全部参加，现场头脑风暴集思广益。一般我们在企业引导战略解码会议时会用到两种方法。

第一种是从平衡计分卡（Balanced Score Card，BSC）的四个维度，即财务、客户、内部流程及学习成长方面考虑必须打赢的仗有哪些。这种方法的优势是思考的结果相对比较全面。

第二种是从前台、中台、后台三个方面考虑。前台与外部客户和市场拓展等相关；中台与产品或技术研发、生产、运营相关；后台与组织、人才、文化、系统、支撑服务相关。若采用这种方法，在筛选硬仗清单时应注意前台、中台、后台的平衡，以及结果性与过程性的平衡。

必须打赢的战役不能太多，要聚焦，这是因为公司的资源和人员的精力是有限的。通常组织中要求高管能够聚焦到7~8场关键战役，这些是汇聚全公司的力量，尽全力去打，而且力保打赢的仗。这和公司通常制订的年度计划或者进行的年度工作报告不一样。年度计划或者年度报告通常是面面俱到、包罗万象，包括营销、生产、研发、财务、人力资源、企业文化等。但对于战略解码，高管需要做减法。我们在引导战略解码会议时发现，很多高管开始都不太习惯，他们通常觉得这个重要，那个也重要，都舍不得放弃。此外，每个高管都认为自己部门的工作非常重要，想围绕自己分管的部门进行作战。

战略解码制定的7~8场战役和企业的长期发展有密切的关系。这不是说其他的任务不重要，也不是不需要开展，只是不放在公司战略层面讨论。它们不是公司层面必须花费资源去力保打赢的仗，可能是在部门层面就可以解决的事情。

确定好必须要打赢的战役后，要让大家对战役的理解达成一致。如何达成理解的一致，可以从七个层面对每一场战役进行描述。为什么要打这场仗？这场仗是什么？这场仗不是什么？这场仗成功的样子是什么？怎样去衡量这场仗是成功的？这场仗在进行的过程中，有利因素是什么？阻碍因素是什么？这样便于理解，也便于向下一层宣传。通过以上几个问题的描述，把必胜战役变成大家都能够理解的语言。

战略解码后的行动计划需要跨部门小组共同制定。采取跨部门的方式可以让参与人对其他部门的工作有更深入的了解，对自己承担的角色更加清晰，在实施行动计划时就减少了很多在配合上可能产生的冲突和问题，在日常的工作中也会避免产生大家相互埋怨"对方不支持、不配合"的现象。

行动计划中包含了每个步骤的衡量指标、里程碑、责任人和需要的支持。行动计划制订完成以后，现场每个组派代表向所有高管进行陈述，大家互相讨论、相互补充、相互辩论，直至达成共识。

行动计划分解中所产生的职责需要融入个人绩效合约中。与一般绩效合约制定方式不同的是，战略解码要求每个人的绩效合约在研讨会上当场向大家汇报，现场所有的高管、所有的中层管理者都可以提出异议和挑战。当他们提出异议和挑战时，汇报人需要解释，最终形成共识。

战略解码是我们把远的、虚的东西，组织的事情，变成了近的、实的东西，个人的事情。即通过描述下一年的战略和下一年必须打赢的仗，把远的、虚的东西变成近的、实的东西；通过行动计划，让每个人都当众宣读自己的绩效合约，甚至在现场签订绩效合约，把组织的事情变成了个人的事情。

国航股份：一个方法用了 16 年

战略解码很早就被引入中国国际航空股份有限公司（以下简称国航），并在其发展历程中起到了至关重要的作用。2004 年，国航在中国香港和英国伦敦两地成功上市，确立了新的愿景和战略目标。愿景是做主流旅客认可、中国最具价值、中国盈利能力最强和具有世界竞争力的航空公司；战略目标是枢纽网络战略、成本优势战略、客货并举战略、品牌战略、联盟与合作战略等。丰满的梦想在现实的骨感面前终是举步维艰。由于各方对愿景和战略目标理解的不一致，在组织内部常有多个声音出现。由于部门之间、上下级之间管理界面和职责不清晰，组织能力难以支持。再加上生产力布局和市场布局不匹配，公司、部门、员工之间的目标没有打通等问题，上市时提出的愿景和目标仿佛是空中楼阁，可望而不可即。

在这样的背景下，为了突破组织转型的困境，国航于 2006 年引入了战略解码，并在同年召开了为期几天的闭门战略研讨会，在会上对战略重点进行描述，讨论制订了关键行动计划，与高管团队、部门负责人签订了绩效合约，将责任落实。战略解码带给国航的成效是显著的，并且在经营成果上得到了充分体现。例如：欧美航线完美逆袭，当年年底考核时一举改变了几十年来一直巨亏的局面，首次实现了盈利；在整个行业亏损的情况下国航盈利 40 亿元，股价升值 10 余倍。

随后十几年，国航仍一直采用战略解码的工具，并在过程中不断优化。2007 年，国航依托战略解码完成了组织转型、经营改观的目标。2008 年，国航又明确了当年度必须打赢的七场硬仗，内部目标导向、绩效导向进一步增强。自 2009 年起，为了确保战略管理和效益管理的落地，国航建立了战略项目管理办公室，作为战略推进、日常执行监控的重要手段。自 2011 年开始，国航又在原有的基础上对战略解码进行了有机的创新、融合，其独具特色的战略解码体系逐步形成。

此后，战略解码作为战略与绩效管理体系被长期坚持下来，持续发力，久久为功。

第二步：如何打赢必胜战役

每一次战役的胜利都取决于执行，而不是计划。得不到良好执行的计划，即便做得再精确，都是没有意义的。而要将行动计划严格落实，要做好以下三项工作：

第一，分清责任，有的放矢。行动难以落地的一个重要原因是没有责任到人。责任在人多的时候会被稀释，以至于各方成员互相推诿，行动难以正常推进。没有人会一直负责，除非将责任锁定。

对于每一项重要工作任务/行动，要赋予不同责任人不同角色。首先是行动计划的首要负责人，负责启动该项行动，并确保该行动的顺利完成，如财务部主导制定公司年度预算。其次是部分负责人，表示在自己的责任领域内负责，如预算制定时，各部门负责制定各自部门的预算。最后是支持人，为行动提供资源支持，如提供后勤支持或为特定行动提供资源。首要负责人是唯一的，部门负责人及支持人可以由多人承担。管理权责关系如图 1-2 所示。

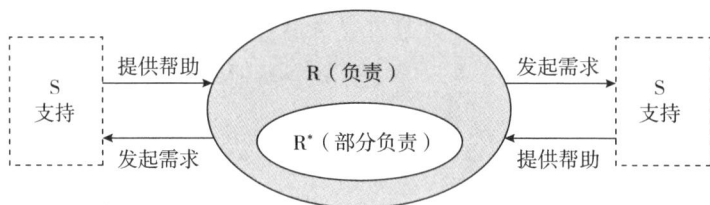

图 1-2　管理权责关系

第二，事先设定行动要达成的目标。稻盛和夫表达过这样的观点，在头脑里思考再思考，反复进行模拟演练，就能看见完成时的状态，就定能成功。事前明确达成"结果"的定义，想象行动达成后的样子，就能够牵引行动的方向，激发执行者的动力。

要知道，行动和建设性行动有天壤之别，后者会带来有价值的成果；而前者容易陷入无意义的境地。事前的计划和结果描述，有助于引领行动朝建设性的方向塑造。

有无愿景的指引，对执行人员的积极性有巨大影响。望梅止渴的故事家喻户晓，它揭示了愿景的激励意义，在遇到困难的时候，对成功的渴望会变成巨大的能量，事先设定行动达成时的样子亦有"望梅止渴"的效果。

第三，明确达成障碍与所需资源。如果司机开车到目的地，会提前设想哪些路段不好行驶，估算是否可以顺利驶过这段路，也会想如果无法行驶通过，那么应如何绕过这个困难路段。行动达成也是如此，执行者应自问在计划实现的过程中，最担心的、最没有把握的、最大的障碍是什么？然后设定一个计划去解除它，或者设定一个替代方案。

其实，很多人不知道问题出在哪里，而不是不知道如何解决问题，因此，不要等到问题发生了后再去匆忙应对。"不治已病治未病"，提前做好准备总是最好的办法。

计划是为实现目标而寻找资源的行动，因此，知道问题出在哪后，应更好匹配行动达成所需要的资源。需要与哪些人、哪些部门、哪些机构合作，需要多少金钱、多少时间的支持……以及从自身来看，还需要掌握哪些关键的知识与技能，以支撑行动目标的达成。

第三步：如何将必胜化为常胜

在行动完成后，需要对行动的达成结果及过程进行回顾，总结经验和教训。毛泽东主席曾说："我是靠总结经验吃饭的。""解放军在每个战役后都会来一次总结，发扬优点、克服缺点……从胜利走向胜利。"

简单地说，复盘就是把以前走过的路再走一遍，看看有没有走弯路，如果走弯路了，那么就要分析原因；如果下次走同样的路，是否可以采取一些避免措施。所以，复盘至关重要。

第一，复盘的一般步骤。复盘不同于总结，虽然听起来都是对已做事件的分析，但总结的关键是对已有事件的梳理，而复盘的关键是对未知事件的推演。因此，一般复盘时会有一套结构严谨的过程。GRAI 复盘法是一种常用的复盘方法，主要包括以下四个步骤：

（1）回顾目标（Goal）。当初的目的或期望是什么？回顾预期目标是什么并把它列出来，不忘初心。让自己置于当初的场景中，回想为什么要做这样的事。我们在回顾的时候，目标一定要是明确合理的，目标本身如果不符合客观实际的话，得出的经验教训也很难有价值。

（2）评估结果（Result）。结果和原定目标相比是否相符？列出目标完成的情况，判断结果与目标之间的差异。通常会有四种情况：结果超出目标、结果与目标基本一致、没有达成目标、活动过程中增加了新的目标。无论对比的结果如何，在结果评估时，都应尽量把结果的好坏能够精准、客观、清楚、全面地表达出来。

（3）原因分析（Analysis）。分析成败的原因是什么？对造成结果与预期目标差异的原因进行分析，用今天的眼光和能力重新审视昨天的做法。有时候原因是复杂的，要尽可能地抓住关键，不应只对不好的结果归因，也要对达到的好的结果归因，总结对未来有用的信息。

（4）总结规律（Insight）。从中可以总结哪些经验？如得失体会以及是否有规律性的东西值得沉淀，据此总结出快速优化自我、指导未来的方法论，以及下一步的行动计划。

第二，复盘要实事求是。复盘看起来简单，但很多组织进行了复盘的四个步骤后，却并没有实现复盘的目的。这是因为它们只把复盘当作了一项"走流程"的工作，忽略了复盘的要义——实事求是。

"实事"就是尽可能全面、客观、系统地了解情况，事实要真。事实要真，不是指弄虚作假、隐瞒真相的行为，而是指每个人都站在自己的层次、视角看问题，看到的事实是不一样的。以工程项目成本为例，项目经理可能看到的成本仅仅是材料成本和劳务成本，而公司的项目成本除材料和劳务成本外，还有项目前期的运作费用、管理费用、税费、资金成本、机器折旧等。一个1000万元的项目，材料成本700万元，劳务成本50万元，项目经理看到的事实是为公司挣了250万元；而公司整体成本算下来，亏损100万元。为避免一叶障目，复盘会议需要全部利益相关者在场，充分沟通，展示全貌。

"求"就是探索、讨论的过程。各参与方共同讨论、探索原因。同时，切忌两种行为：一是不讨论，抱着度假者（把开会当休闲）或囚徒（厌恶、被迫参加会议）的心态参会。参加不参与、到场不发言、人在心不在对会议是没有增益的。二是没探索，在分析问题的原因时，蜻蜓点水、浅尝辄止，没有进行深入挖掘；或者把原因都归于外部因素，不敢剖析自己、从主观上找差距。参加复盘会时一定要保持开放的心态。复盘不是"打板子"，更不是追责会，而是大家共同学习的过程。成功了，多想想客观因素；失败了，多找找主观原因，保持审慎的态度。

"是"就是接触到事实的本质，找到规律。在复盘过程中，要从纷繁复杂的原因中找出根本原因，要谨慎分析，避免快速地下结论。例如，企业舍弃投诉的客户，从表面来看是维护了形象，但这样的处理方式没有从发展的角度看待投诉问题，从长期来看并不利于企业的成长和优化。要关注自己能控制的事，而不是寄希望于超出自己控制范围的外部力量。例如，当遇到一些困难时，总会听到这样的声音："要是市场行情好一点就好了。""要是预算再多一点就好了。"这些期望于事无补，不如关注更切实际的、自身能够掌控的事情。

第三，复盘要形成习惯。复盘不是结束而是开始，复盘后的结果要落实到下一步的行动计划中。小事及时复盘、大事阶段性复盘。复盘的细节越多、越及时，就越接近客观真相。复盘已经成为很多企业常用的方法，如联想集团、阿里巴巴等。

阿里巴巴的复盘文化

提起复盘工作法，许多不明真相的人会有颇多误解。早期，许多阿里巴巴的员工（以下简称阿里人）将工作复盘戏称为"扒皮大会"。这样的称呼慢慢地被人们传开，慢慢地被以讹传讹，以至于一些外界的企业管理者认为复盘工作法的形式以反驳为主，就是要让员工痛哭流涕。事实与这一现象正好相反。

很多阿里人的成长得益于复盘工作法。它给了所有阿里人定时反馈、回顾的机会。员工能够通过这种看似极为痛苦、实则酣畅淋漓的方式得到力量，从而不断提升自我，最终帮助组织达成使命，完成战略目标。

阿里巴巴的持续发展也得益于复盘法的有效运用。阿里巴巴始终秉持一个信念"今天最好的表现，是明天最低的要求"。所有可被沉淀的经验才是公司发展的基础。如果一件事情不能被复制、不能被沉淀，那么公司就没有持续发展百年的支撑。

复盘要形成习惯，持续复盘。一方面，持续复盘是对执行的监督，吸取教训，严格执行并不容易，如果复盘后没有好好执行，那么下次复盘的时候一定会被发现。另一方面，复盘后执行措施不一定马上能实现目标，有很多时候需要经过实践、复盘、再实践、再复盘的循环往复过程才能最终达到预期目的或期望。但是，这不代表以前的复盘没有意义。

让复盘成为文化和习惯，持续复盘可以让个人和组织变得更聪明，可以更好地迎接未来的挑战！

四、本章小结

本章讲述了企业的超级运营系统平台作为企业的心脏发挥着重要的作用。超级运营系统平台包括企业一号位、高管团队和战略执行。一号位是企业掌舵人，将企业成员团结在一起，引领企业走向成功；高管团队作为核心决策群体，与一号位一同执掌企业，实现外熵减、内耗散；战略执行的好坏关乎企业经营的成败。

本章介绍了四种一号位唤醒组织的方式、DIRECT 高管直接成团法、必胜战役三步骤，为企业及广大管理者提供了建设超级运营系统平台的方法论。

2

第二章
组织结构与流程是
企业的毛细血管网

心脏泵出的血液，经由毛细血管网才能到达组织各处。毛细血管网是必不可少的流程通路，是人体大循环的重要组成部分。在企业中也存在着这样的毛细血管网，它们将企业"心脏"的战略部署传递到组织各处，使组织各处能动起来、活起来，以维持企业的基本大循环，刺激企业发展。组织结构与流程就是企业中的毛细血管网。

东方写意、西方写实。西方哲学认为，事物都存在着一个完美的点，如标准人体比例、黄金分割点、数学公式等。企业的每个当下，也都有一个完好适配的组织结构与流程体系。它们是基于企业的发展实际设计的，是某个阶段最适合企业的管理机制。

一套适配的组织结构与流程为企业提供了不可缺少的秩序。组织依赖秩序分配资源、协调工作，它们维持了组织的稳定，推动了企业管理准则的形成，为企业营造了成长与发展的良好秩序，使之在秩序之上开出浪漫的花朵。正如诗人歌德所言，美丽属于韵律。

组织结构是指为了实现组织目标，在组织理论的指导下，经过组织设计形成的组织内部各个部门、各个层次之间固定的排列方式。组织结构决定了工作任务如何进行分工、分组和协调合作，是执行管理任务的基本体制。除组织结构外，组织流程则是构成组织力量的另一要素。组织流程是指为完成某一目标或任务而进行的一系列逻辑相关活动的有序集合。组织流程是构成组织所有业务活动的基本框架，支撑了企业的运转。组织结构与流程相互影响，彼此制约。战略决定了组织的一级流程。一级流程决定了企业的组织结构。组织结构形成后，又进一步明确了职责与协作的关系，影响了业务流程。组织的力量由组织结构和流程共同联结起来，形成了企业中的毛细血管网，也是组织中最有未来增长点的部分。改革开放 40 多年，中国太多的创业者和企业家善于看外部世界，却很少看向企业内部。很多企业在发展初期未意识到组织毛细血管的作用，倾向于将更多的时间精力放在战略、人、市场等管理上。然而，当企业发展到一定规模，需要其作为一个生态系统起作用时，往往会发现，毛细血管的能力并不足以支撑有机体的健康运转，甚至造成了公司发展的瓶颈。此时很多企业家、管理者会惊觉，原来毛细血管网在企业的正常运转中起到如此重要的作用。过去因忽视毛细血管网（组织结构与流程）的重要性，导致企业运营失败的案例屡见不鲜，如曾经民族第一饮料品牌健力宝的落寞就与组织结构的缺失、流程僵化有很大关系。相反，一个合适且高效的组织结构与流程体系则可以最大程度地释放企业的能量，使组织更好地发挥协同效应。例如，小米敏捷的组织结构使其在变幻莫测的互联网行业中能及时对用户需求做出响应。

组织结构与流程何以成为管理的核心？它们在企业生态系统中起到什么作用呢？

（1）组织结构确定了企业管理的框架。它明确了对于工作任务应该如何分工、分组和协调合作，为全体成员提供了实现组织目标的路径，保证任务目标一经提出，就能够以有序的方式执行实施。

（2）组织结构确定了战略归属。战略需要部门承载，否则战略目标就无法落地。例如，人才战略承载部门一般为企业的人力资源管理部，市场战略承载部门通常为企业的市场营销管理部，资金战略则由财务管理部承担。部门设立后，随之确定部门功能，以方便员工工作沟通、任务配合及目标的达成。

（3）组织结构确定了劳动分工。自亚当·斯密提出劳动分工，专业划分一直都是劳动形式组织的主要思路。组织结构的划分明确了各个部门职能之间的权责和边界、分工与协作的形式，即便业务发展、协作人数增加，也能保证组织的有序、高效运转。

（4）组织结构确定了组织管理要素。公司的运作涉及诸多复杂的工作环节，使相同的输入亦可能带来不同的输出。通过组织结构的划分，公司一系列复杂的运作过程被分解成不同的环节，可以更清晰、更直观地被运用。

（5）组织结构确定了授权路径。职责的层层划分产生了层级，层级产生了权力。权力关系清楚，有利于领导和指挥，有利于提高效率，有利于责任明确、成员各司其职，当然也有利于工作的监督。此外，合理授权也能保障所有管理者的管理幅度都在正常的范围之内。

海尔集团：组织结构的一路支撑

海尔集团（以下简称海尔）从一个亏损147万元的小厂发展成为国际知名的大型企业集团，背后就有组织结构做强大的支撑。

1984～1991年，海尔实行名牌战略。在此期间，公司只是制作冰箱一种产品，并且强调对产品质量的严格把关。这一时期的组织结构以直线职能制的组织形式为主，注重职能划分，体现集权的思想。直线职能制的组织结构使企业在小规模的时候可以一竿子抓到底，快速对业务、对管理做出反应，实现效率最大化。

1992年，海尔开始实行多元化战略，先后在武汉、重庆等地建立工业园区，原来直线职能制的弊端慢慢浮现。一方面，多元化经营加重了企业高层管理者的工作负担；另一方面，高度专业化的分工使各个部门各自为政，横向协调困难。于是，在多元化经营战略下，海尔的组织结构由原来的直线职能制向矩阵式、事业部制转变。

2000年后，海尔进入国际化战略阶段。为了适应国际化经营并实现资源利用效率的提升，2007年海尔进行了以子集团形式出现的组织结构调整，在集团内部开展"市场链"流程再造。例如，职能部门可以作为一个单独的"市场"去运作，通过为其他部门提供服务而获取报酬。调整之后的组织结构更加的网络化、扁平化。

多年来，正是承接战略实现的组织结构的变迁，为海尔提供了支撑运转的合适的管理框架。企业就如蚁群一样，组织结构健全强壮则企业发展稳健，组织结构残缺软弱则企业一定发展无力。蚁群一直被誉为高效的代名词，就是因为蚁群中有严格的组织分工和由此形成的框架。例如，一只蚂蚁搬运食物往回走时，碰到了下一只蚂蚁，就会把食物交给它，自己再回头，碰到上游的蚂蚁再继续接下来。蚂蚁在哪个位置交接不确定，唯一不变的是起点和目的地。这样以目标为导向的劳动分工，使蚂蚁团队可以有条不紊、高效地完成工作。

很多人认为，企业运营是依托于人或部门实现的。但若各部门只由管理人员、技术人员、销售人员、财务人员和各级工程师组建，那么组织不可能实现成功运营。如何选择供应商、如何控制质量、如何通过生产提高质量与效率、哪些措施能够缩短交付周期，以及产品应流通到哪个区域，这一系列问题都需要流程来解决。

流程明确了管理行动的路线，包括做事情的顺序、内容、方法和标准。企业的整体运行就是一个大流程，企业业务链构成了流程的整体框架。如果再进一步分类和分级，里面还包含了若干个二级流程、三级流程、四级流程等子流程。持续细化、分解，最后就到了操作手册和表单。层层分解的过程，也是把企业目标具体落实到操作层次的过程。整个流程管理体系正好对应了企业业务的全部运行过程：流程的框架体系对应着企业的业务模式，各级流程对应着业务的具体运作，手册和表单对应着业务的规范和标准。流程提高了管理工作的规范化，使管理依赖有序的系统，从而减少随意性。

流程促进了横向权力的运用。明茨伯格等的一项研究发现，组织中横向权力的存在对管理者完成工作期望有重要影响。当今组织需要对复杂问题迅速做出反应。随着组织规模的扩大，日益严重的部门墙也需要被打破，这都要求横向权力的大量运用。流程恰恰为各节点赋予了横向权力。例如，在一家科技型公司，相较于平行部门而言，研发部可以拥有至高的话语权，这种话语权往往不是通过组织结构或职级体现的，而是由研发部在公司业务流程中起的重要的作用决定的。流程的存在推动了业务的流转。

流程通过将各节点要素有机整合，凝聚成为整个组织的能力。

三一重工的流程转型

三一重工股份有限公司（以下简称三一重工）是以机械制造为主的跨国集团，业务覆盖100多个国家和地区，目前是中国最大、全球排名第五的工程机械制造商，同时也是全球最大的混凝土机械制造商。作为制造行业领军者，三一重工在制造业升级方面一直走在前沿，积极引领制造业走向智能制造。

虽然三一重工已实行了ERP管理系统，但信息化工具解决不了业务流程本身的缺陷。2016年，三一重工的流程问题依然突出，如没有完善的计划体系，营销预测准确率低，设计变更难以跟踪，各个业务模块的系统没有打通等，严重影响了集团经营效益与业务发展。

三一重工也意识到公司发展的最大阻力已经不是技术、不是业务，而是管理的能力，或者说是流程与体系的能力。于是，三一重工寻求国际商业机器公司（International Business Machines Corporation，IBM）进行流程优化和系统平台搭建，重新梳理了 152 个流程、68 项制度，完成了 23 套系统集成……

变革完成后，三一重工的存货周转率提升了 33%、产品交付周期缩短了 11.41%。营业收入从 2016 年的 232 亿元突破至 2020 年的 1000 亿元，净利润从 1% 提高至 15%。

有效的流程帮助三一重工高效经营，从百亿级企业跨向千亿级企业。

作为企业毛细血管网的两个组成部分——组织结构与流程共同联结成组织的力量。毛细血管的好坏，将直接影响到企业的经营效益。

一、组织结构怎么设计——抓住五因素

组织结构是组织能够实现高效运转、取得高绩效的先决条件。同样的一群人，在不同的管理方法、不同的架构、不同的关系、不同的流程、不同的汇报方式下，工作结果是完全不一样的。组织结构设计是否合理有效，对于组织成功与否举足轻重。

（一）组织结构设计要全面考虑组织整体

现在很多企业做组织结构优化，只是针对存在的问题和影响企业的因素对其进行修修补补，而没有系统的方法来指导组织设计和优化，这是远远不够的。在做组织设计时，要考虑环境、战略、技术、组织规模和企业生命周期等多方面的影响。

（1）环境是影响组织设计的重要因素。通常情况下，当组织置身于稳定环境中时，机械式的组织更契合企业发展需求；而在不确定性高的环境中时，有机式组织由于具备灵活性等特点，与企业的战略发展目标更加匹配。机械式组织结构与有机式组织结构如表2-1所示。

表2-1　机械式组织结构与有机式组织结构

机械式组织结构	有机式组织结构
高度专门化	多功能的团队
僵化的部门制	跨等级的团队
明确的命令链	信息自由流通
管理跨度窄	管理跨度宽
集权化	分权化
高度正规化	低度正规化

（2）战略决定了组织结构的形式。组织结构与组织战略的适配也是成功实现战略目标的前提。对很多成功企业的研究发现，不同的战略类型，在特定的组织环境下能够得到更好的发挥。例如，实行探索型战略的企业，其核心问题是发现和挖掘新产品、新市场，快速满足顾客需求，乃至创造需求。对这种类型的企业，一个管理宽松、高授权的组织环境要比管理严格、低授权的组织环境更能激发组织的能量。战略类型与组织结构特征如表2-2所示。

表2-2　战略类型与组织结构特征

战略类型	组织环境	组织目标	组织结构特征	集权与分权	信息沟通
探索型战略	动荡、复杂	快速、灵活地做出反应	结构较为松散；劳动分工程度低；规范程度低	分权为主	横向为主
防御型战略	比较稳定	保持稳定，实现效益	力求严格控制；专业化与规范化程度高，有较多规章制度	集权为主	纵向为主
分析型战略	时时处于变化之中	既能灵活反应，又追求稳定效益	适当集权控制，对部分部门采取分权或相对独立的方式，有机与机械并存	适当组合	既有横向，也有纵向
反应型战略	比较稳定	根据外部环境变化做出反应，但缺少随机应变的机制	对环境变化做出动荡不定的调整模式，致使组织处于不稳定状态	—	—

（3）技术影响组织结构。技术是指其将投入的资源转化为产出的方法，即在投入转化为产出的整个过程中的信息决策和沟通系统、机器设备、工艺流程的总和。一般而言，技术越是常规，结构就越是标准化，如单一产品制造业大多采取直线职能制；技术越是非常规，就越倾向于用有机式组织结构，如高科技企业常以较为复杂的矩阵式、事业部制等形式出现。

（4）组织规模影响组织的复杂程度、规范化程度以及组织的集权和分权程度。相较于小型组织，大型组织的组织结构专业化程度更高，横向及纵向的分化更为复杂，涉及的规则与条例也更多。

（5）企业所处生命周期影响组织设计。企业生命周期理论最初由卡曼提出，指企业诞生、成长、壮大、衰退直至死亡的过程。虽然不同企业处在每个过程的时间有长有短，但是各阶段企业表现出来的特征具有一定的共性，而这些共性恰是企业在选择组织结构时的重要参考，如表 2-3 所示。

表 2-3　企业生命周期与组织结构特征

阶段	企业、产品、市场的特征	组织结构
1	简单的小型企业，只生产单一产品或单一产品系列，面对狭窄的市场	从直线制到直线职能制组织结构
2	在较大的或多样化的产品市场上提供单一的或密切相关的产品或服务	从直线职能制到事业部制组织结构
3	在较大的多样化的产品市场上扩展相关的产品系列	事业部制、矩阵式组织结构
4	在较大的多样化的市场上进行多种经营，面对跨地区或跨国界市场范围	事业部制组织结构、多维立体结构

（二）为未来设计比为现在设计更有价值

组织受环境、战略、技术、组织规模以及企业生命周期的影响，尤其取决于战略和环境。但环境、战略是在变化的。当企业的外部环境和内部条件变化提供新的发展机会或产生新的需求，企业就会应对环境变化，率先在战略上做出反应，以谋求新的经济增长。新的组织战略需要新的组织结构与之相适应。

而企业组织结构的变化会慢于战略变化的速度。

一是因为战略是面向未来的，但当下的组织结构是为了适应过去的战略而制定的。当外部环境发生变化后，企业首先考虑战略，只有当新的战略制定出来以后，它才能根据新的战略要求来改变现有的组织结构。

二是因为旧的组织结构具有一定的惯性。管理人员由于在以往的实践中适应了原来组织结构运转的方式，往往会无意识地运用旧有的职权和沟通渠道去管理经营活动。更有甚者，组织变革往往是存在阻力的，不管是行为习惯改变带来的阻力，还是组织成员感受到地位、权力被威胁时所产生的阻力，这些都延缓了组织变革的速度。

由于组织结构滞后性的存在，组织结构要为未来做设计。为现在设计的组织结构，在当前稳定的、确定的战略和环境中运作较为有效；为未来设计的组织结构，则能与变化的战略和环境相匹配，提高了组织应对未来变化的能力。

过去，企业旨在通过建立严格且明确的职位、层级和企业边界来取得稳定性、可预测性和效率。然而随着新技术的崛起，"稳定"成为越来越奢侈的名词。市场对企业的要求越来越高，公司里职责的边界、岗位的边界也越来越模糊，工作的灵活性越来越强，随着客户或者市场的需求在不断调整，部门融合或岗位融合时有发生。美国一家劳动力分析公司（Burning Glass Technologies）在分析了 10 亿多条当前和历史工作招聘数据后发现，科技正在重新塑造 250 多个岗位的工作方式。对于企业而言，最大的不变就是变化。

河南移动：面向未来的组织结构调整

20 世纪初，罗兰贝格在为中国移动通信集团河南分公司（以下简称河南移动）做组织设计时，就充分考虑了未来影响要素的变化。罗兰贝格对中国移动通信行业的发展特征和趋势做了深入的分析，认为该行业进入了一个由高端市场向低端市场快速普及的阶段，且随着新业务不断涌现，增值服务/数据业务将构成行业未来成长的新空间。在这样一个行业结构演化的预测之下，罗兰贝格提出了面向未来成功的移动通信营运商应该具备的核心能力要求，并结合河南移动现状，进行了以用户为导向的组织设计。针对个人、公司、低端、高端用户各自建立了相应的责任中心，并配备具体运作的职能，以加快目标市场开发。河南移动的组织结构调整，是其未来发展的有力支撑。

目前，基于现状做组织结构的缝缝补补，意义已然大大减低。组织结构需要支撑企业的长久发展，为未来设计组织结构要比为现在设计更有价值。通常在设计组织结构时，要考虑未来 3~5 年企业的战略方向与市场因素，然后设置 3~5 年的战略版组织结构图。

二、流程管理的实施——流程管理十一律

流程是企业运营的载体。借用哈默教授的一句话，为企业创造价值的是流程。在总体发展战略规划之下，企业合理、清晰地界定业务范围和价值创造的路径是关键。业务流程其实就是一个企业的业务选择、组合、匹配的业务策略，使企业能够向市场提供相应产品和服务。

流程管理曾风靡一时。20 世纪 60 年代，流程再造概念诞生后，国内外很多知名企业开启了流程变革之路，如美国福特汽车公司、IBM、华为等。任正非曾说："华为最宝贵的是无生命的管理体系，以规则、制度的确定性来应对不确定性。""靠流程而不是靠人，人会走会死，但流程不会。"流程不仅是华为成功路上的强大助力，如今也依然是华为的强大竞争优势之一。

华为花费 40 亿美元的拜师之路

1997 年，任正非在参观了美国休斯公司、IBM、惠普公司等知名企业后，被它们先进的管理手段所震撼。彼时华为业务正处于快速发展期，人员也即将突破万人规模，但是却面临着诸多内部管理问题，如组织本位主义、部门墙、作业流程不规范、计划无效等，成为华为组织扩张的巨大阻力。任正非认识到，如果这些问题不解决掉，那么不进则退，等待华为的就只有死亡。

- 组织本位严重，部门墙厚。

- 作业流程不规范，制度与管理经常打架，不断推倒重来。

- 企业优秀实践得不到系统总结。

- 对内外矛盾处理缺乏统一的标准，同一问题，会产生截然相反的观点。

科斯在《企业的性质》中写道，一个企业的交易成本与管理成本影响着企业的边界。如果管理问题不解决掉，那么企业注定不能做大做强。华为也知如此，只有加强管理与服务，才有生存的基础。

为了打破华为发展的阻力，任正非花费 40 亿美元聘请 IBM 开展组织与流程的变革。1998 年，《华为基本法》中写道："推行业务流程重组的目的是，更加敏捷地影响顾客需求，扩大例行管理，减少例外管理，提高效率，堵塞漏洞。"

华为"削足适履"的拜师之路是痛苦的，但学习的成效也是显著的。经过大刀阔斧的流程变革之后，华为成功蜕变，从"职能型企业"转变为"流程型企业"，建立了以客户为中心的业务流程系统。目前，该流程系统支撑了全球 100 多个国家和地区，每年几百亿美元的产品和解决方案。华为也从时年 2 万元的小公司发展为目前年营业收入超 8000 亿元的国际企业；销售额实现了 27 倍的增长，主营市场份额增长超 30 倍，员工增长 15 倍。

除华为外，国内其他企业也在不同程度上开展了流程优化或变革，如联想集团、中国移动通信集团、三一重工、重庆长安汽车股份有限公司，以及与华为几乎同时期开展流程变更的海尔（见图 2-1）。为了推动"人单合一"模式，张瑞敏领导海尔于 1998 年围绕着三个目标开展了流程改造：一是以"市场链"为纽带的企业业务流程再造。即以订单信息流为中心，带动物流和资金流的运行，实现三个零（零库存、零距离、零营运成本）。二是拆掉两堵墙（企业与企业之间的墙，企业内部各个部门之间的墙），拆掉企业间的墙使海尔成为一个开放的企业，扩大了与上下游合作伙伴的合作；拆掉部门间的墙，使割裂的流程重新连接起来。三是每位员工直接面对市场，让每个人成为一个战略业务单元（Strategic Business Unit，SBU），实现人单合一。

图 2-1 国内开展过流程再造的主要企业

张瑞敏曾经说，流程再造不是请客吃饭，而是一场革命。这对企业而言是一件非常困难的事情，但即便这么困难，海尔还是要做下去。

这也揭示了企业纷纷开展流程优化的原因。对于 21 世纪的企业来说，流程将非常关键。优秀的流程将成功的企业与企业竞争者区分开来。做好流程管理可以为企业提高经营效益。

多年来，一些大型公司的绩效经理不懈努力，以图改善绩效，如提高劳动生产率、聘用灵活就业员工，甚至选派员工参加各种流行的培训计划——但是收效甚微，公司业绩依然难有起色。因为这些问题并非影响企业效益的核心问题。这些问题可以称为任务问题，像这类的任务问题可以有很多，当然不是说它们不重要，只是若想改善经营业绩，需要聚焦的是流程问题。流程问题一般涉及多个业务环节，且对经营效益有直接影响。事实上，令很多现代企业苦恼的更多的是流程问题。产品交付迟缓不是因为操作工动作不娴熟，而是因为公司内研发、生产、销售部门之间的衔接不畅。合同签订得慢，不是因为法务专员盖章速度慢，而是因为审批流程过长。也就是说，我们交付成果缓慢不是因为人们在完成个人任务时动作缓慢，而是因为有些人在执行着对结果来说不必要的任务，是因为从一项工作完成到结转到下一项工作的过程中遇到了不必要的耽搁，是因为任务组合不合理，导致资源浪费。

越来越多的企业认识到流程的不畅通、不合理是经营效益低下的首要原因，好的流程则可以成为企业脱颖而出的利器。

安踏打通一体化运营

安踏集团（以下简称安踏）是体育用品行业中国领先、国际一流的企业，一直坚持以消费者为核心的价值零售理念，实行"单聚焦、多品牌、全渠道"发展。但随着安踏的高速发展，一些内外部问题对企业经营也提出了挑战。

（1）疫情黑天鹅。

受新冠肺炎疫情的影响，实体业务大大受限，电商零售竞争更为激烈。此外，安踏作为东京奥运会中国代表团赞助商，本想通过营销实现利润增长，可原定于2020年开展的东京奥运会延期，又打乱了安踏的营销计划。

（2）业务升级的迫切性。

由于实施多品牌、多渠道策略，安踏亟须升级到一个能融合多品牌，产、供、销、财务价值链贯通，持续支持零售转型的集团级管理平台。

于是，2019年安踏联合IBM、SAP（System Applications and Products）公司开启了数字化平台的搭建。在搭建平台的过程中，IBM对安踏的品牌销售、生产管理、供应链、物流到集团财务进行了梳理，并打通了各模块流程，打造了一个多渠道、多品牌的数字管理体系。

一体化平台整合了品牌销售和供应链、鞋类生产和服装生产等信息，使产销之间在交期的协同上更高效、更智能化。通过自动运算销售交期、供应链交期以及在线反馈机制，快速协助供应链下单，安踏的系统效率提升了80%以上。安踏儿童产品从原来按照4个时间波段供货，到现在按照不同品类、不同区域、不同年龄段等各种因素科学制定8~12个波段供货，运营效率大大提升。

迈克尔·哈默在《超越再造》中提出了一个重要观点："公司走向以流程为中心并不是创造或发明它们的流程。因为流程本来就在那里，只是没有受到相应的尊重和了解。"流程本身就是经营的载体，是业务运行的通路。科学完善的流程体系是保证企业稳定有序推进各项生产经营工作的根本性保障。高效的流程管理体系可以使企业内各个业务部门的责权更加明确，工作目标更加清晰，提高企业各部门之间的协作效率，保证企业整体目标得以实现。企业实行流程管理可以实现对内部资源的合理调配与整合，实现对内部管理流程及业务的统筹规划与部署，确保实现企业利益最大化。很多企业想要做流程管理却感觉无从下手，不知道如何设计、不知道从哪里开始管、不知道管什么、不知道怎么管，将流程管理看作一项难点重重的事，以至于望而却步。流程管理的十一律有助于企业对流程管理进行从理念到方法的系统思考。

第一律：围绕企业价值导向，决定流程设计的方向

企业价值导向就是指企业如何看待与处理各方的利益关系，反映了一个企业的行为倾向。企业价值导向决定了企业经营管理的方式。

例如，同为可乐品牌巨头，可口可乐公司与百事可乐公司的价值导向就迥然不同。可口可乐公司创建于 1886 年，最早在可乐界创建了霸主地位。虽然当时模仿者众多，但是可口可乐公司凭借独一份的味道，以及独创的"分销制度"，在可乐界所向披靡。百事可乐公司无疑是以挑战者的身份进入这场游戏的，由于其名气更小，为了打败可口可乐公司，百事可乐公司必须精准而敢于冒险。一方定位于传统、经典，另一方定位于自由、活泼，可口可乐与百事可乐两种不同的品牌价值定位反映在管理上就是，可口可乐公司选择目标聚焦战略，集中力量发展碳酸饮料业务，以成熟的产品体系与忠实的客户为主要价值创造点，因此在流程上更强调内部控制，关注等级、规范。而百事可乐公司则采用多元化战略，拓展业务范围与产品类型，流程上更强调需求应对，关注产品的创新、变化。价值导向的不同，决定了可口可乐公司与百事可乐公司不同的流程设计方向。

在为企业设计流程时，如何根据企业价值导向创建流程呢？可以借助迈克尔·波特教授提出的价值链模型来思考。价值链模型指出企业的价值创造是通过一系列的活动构成的，这些相互作用又相互联系的活动，构成创造价值的动态过程，即价值链，又叫业务流程。

不同价值导向的公司，其各流程的地位不同。如图 2-2 所示，房地产公司与零售公司相比，其价值创造过程（一级流程）是相差很多的。

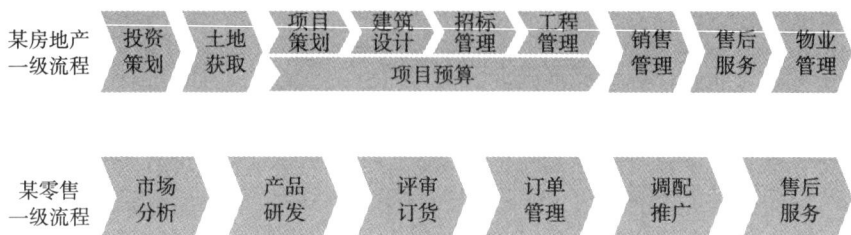

图 2-2　房地产公司与零售公司的价值创造流程

我们要做的是一个可执行的流程，而不是做一个看起来不错的流程。大家都称赞华为"以客户为中心"的业务流程体系，但是鲜少模仿。这是因为华为的流程是建立在"为客户服务是华为存在的唯一理由"这一价值观之上的。华为的各项资源可以向服务客户倾斜，真正实现以客户为中心。但"以客户为中心"的业务流程体系对一个强调等级、控制的垄断企业来说就未必是适用的。后者需要的是强调内部控制的流程体系。流程设计的方向要围绕企业的价值导向。

第二律：围绕最大价值流设计主干和枝干流程，抓大放小

价值链（一级流程）确定后，下一步就是要据此设计主干和枝干流程。在设计流程时，我们只可能尽量覆盖，难以做到面面俱到。而且将所有流程穷举出来的危害也是巨大的。过于琐细的流程文件会造成公司流程臃肿、效率低下，大大抑制公司的活力。此外，过多过细的流程也会造成流程接口的混乱，流程与流程之间难以融合，使执行人员无从下手，反而会加大"部门墙"的存在。

与其将所有流程流水账式地编写出来，不如抓大放小，关注最紧要的20%的主干流程。只有将关键流程做好，才能真正体现流程管理的理念与经验。

华为认为，主干流程就像是高速公路。高速公路是清晰简洁、快速畅通的。主干流程不宜涵盖较多功能，否则会增大主干道的负载量，令主干道速度降低、效率低下。那如何对主干流程进行管理呢？可以针对关键流程输出设置

绩效考核机制,从过程与结果上对流程效果把关;可以沿着流程设置监察管理机制,如流程稽查、审计。

而枝干流程就像是乡间小路。乡间小路一般曲折、幽僻、多树,就像某些具体的操作流程一样,要因地制宜留有一定灵活变通的可能。例如,一位行政专员负责机票预订事宜,公司只需要告诉其订票的基本原则就好,如在时间安排可行的情况下,最大可能选择票价最低的航班。具体选择哪个平台、什么时间买,行政专员可以根据实际情况去判断、抉择。如果一定要在流程上要求购票平台(没有合作平台的情况下)、购票时间,那么很难保证一直购买到价格最低的航班。

主干流程把控方向,枝干流程灵活调整,只有两者结合,才能设计出高效、简洁的流程体系。

第三律:围绕流程关键控制点,设计管控

有一个好形状的流水管道能保证水被顺利输送到目的地,却不能保证管道里流出的一定是干净的水,为了避免脏水,需要给管道安装活水保纯装置。

如果把一个管道看作一个业务流程,那么流程也需要这样的活水保纯装置,过滤掉脏水。因此,在流程设计时就要考虑,如何通过流程实现管控作用。其中,最重要的就是管理好流程的关键控制点。

最重要的关键控制点是指控制点中影响重大风险的点,对风险控制的要求高,常见于影响重大成本或重大效益的活动、审计重点关注的活动、公司文件中重点标注的活动、已经存在控制缺陷的活动等。关键控制节点一般是可被审计的,以便于后续执行检查。

假如一家生产型企业从接收订单开始到产成品入库,全流程涉及销售部、生产部、仓库三个部门的八个流程步骤(见图2-3)。通过对每个流程步骤的风险进行排查,我们发现其中最需要把控的是组织合同评审、生产物资配发、生产三个环节。这三个环节分别影响了整个流程的交付风险、进度风险、成本风险,因此我们需要倍加关注。

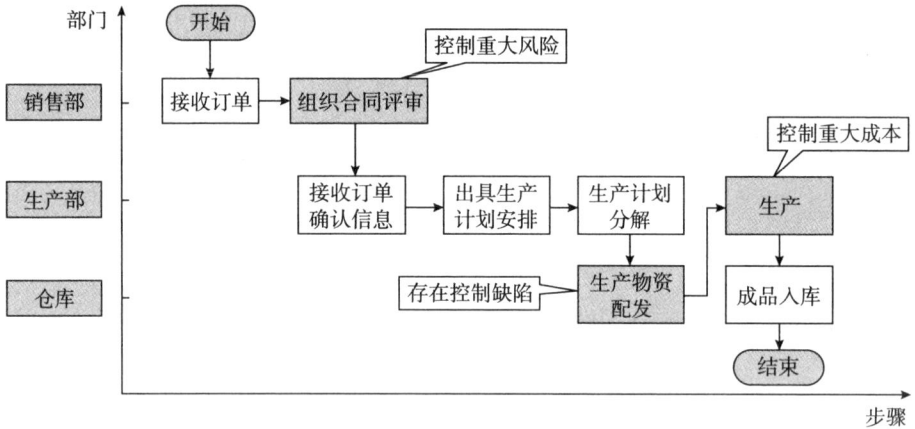

图 2-3　典型生产订单接收流程

对关键流程控制点的筛选，可以用关键流程活动矩阵来识别（见图 2-4）。根据流程活动对业务的重要程度、活动的复杂程度，将流程环节分门别类。首先选取最重要、最复杂的优先控制；其次是重要性较高，但复杂性相对较低的，该类问题的控制相对好执行，且往往控制成效最为显著；再次是重要性低，但复杂性高的活动，这类活动的影响价值虽然低，但是由于复杂性高，容易出现流程执行不力的情况，对该类环节，则可以从关键结果、关键行为入手加以控制；最后是重要性低、复杂性低的活动。

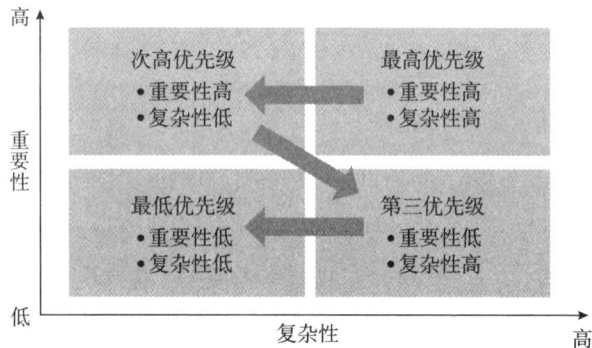

图 2-4　关键流程活动矩阵

对流程关键控制点设计管控时，往往有三种方式：①为了规避决策风险，将流程关键控制点设置为必要的审批节点。②设置必要的财务管控节点来保障资金资产安全。③在流程上要求输出工作报告，倒推工作执行。

第四律：搭建合适的团队，看问题的视角与技术同样重要

流程设计及推动执行需要一个合适的项目团队来管理。

不同的人看待事物会有不同的视角和看法，盲人摸象的故事大家都知道，身处局中之人很难看清事物的全貌，要全面了解问题需要有统观全局的视角。

设计流程时也是如此。有公司让人力资源部去编写各部门流程、撰写制度，结果各部门反馈流程制度太浮于表面，并没有带来工作增益；也有公司让各部门自行去梳理流程，梳理之后汇总，结果各部门都站在自己角度考虑问题，供应链部要求采购部严格在供应商库里选择供应商，采购部要求供应链部考虑到当地突发采购的实际情况，给予采购部一定的灵活变通的权力……这种各自提报的方式，使流程根本无法整合为一个整体，更遑论流程的正确与否。

一个好的流程团队是要容纳各方人员，综合各方视角的，需要有统筹者、协调者、代言者、执行者、决断者各方的参与，缺少任何一方都会给工作带来阻力。

（1）统筹者：承担项目经理的角色，一般由流程管理部门如运营部、内控部或人力资源部承担。

（2）协调者：负责处理项目开展过程中与各方的关系协调、信息沟通、会务安排等，一般也由流程管理部门的人员承担。

（3）代言者：流程梳理的工作需要各业务部门的参与，代言者就是各业务部门指派参与到该项目中的成员，代表部门利益表达在流程项目中的需要。

（4）执行者：负责执行流程梳理工作的人员，一般由流程管理部门承担。

（5）决断者：当问题难以决断或重大流程发生变动时，需要有一位承担决策的人，一般由分管副总或者总裁担任。

此外，流程设计是一项存在技术难度的工作，需要统筹及执行人员具有一

定的专业能力。统筹者是流程体系的设计师，要具备对流程整体规划的能力、流程体系建设及推动能力、流程运营和生命周期管理的能力。更重要的是，流程就是业务运行的规则，因此要求统筹者充分了解公司的业务策略、资源分配以及公司人员技能情况，保证设计出的流程符合业务需要。对于流程执行者来说，首先要具备扎实的专业知识和能力，包括流程管理的理论知识、实施策略、方法等，能熟练使用流程管理工具；其次是组织和沟通能力，流程涉及各个部门各个员工，因此过程中的协调与沟通必不可少。

实际上，企业在实际操作中往往都会预想到流程设计工作的难度，然后选择具备雄厚专业技术背景的人员来组织开展工作，但很容易忽略一个拥有各方视角的团队对工作开展的重要性。横看成岭侧成峰，远近高低各不同。流程工作的有效开展需要搭建合适的团队，既要有技术更要有全局的视角。

第五律：搭建流程责任体系，指定流程所有者

指派流程责任人对整个流程负责，对最终目标负责，有助于流程的落实。流程责任人不一定是具体的个人，也可以是某个部门、临时工作小组等。流程责任人在负责的流程上拥有最高权力。

虽然现在很多企业也都设置了流程责任人，但发现很多责任人只是流于形式，在企业的日常管理中，还是职能、权威占据主导地位。一方面在于流程责任人不知道自己要履行什么职责；另一方面在于有心无力，无法按照职责推动工作，最终让位于职能管理。

让流程责任人履行职责，首先应明确流程责任人应该承担的具体职责，一般流程责任人承担的职责有：设计规定范围内的业务流程、协调业务流程接口、确定子流程并指定所有者、规定业务流程的输出、监督业务流程的运行效果、改进业务流程等。明确了职责之后再对流程责任人的履职情况进行盘点，以便面对问题可以按图索骥找到对应责任人。

公司的首席流程责任人称为首席流程责任人（Chief Process Owner，CPO），CPO 不一定是具体的职位，可以是基于流程设计所演化出来的"虚职"，公司内控部门、人力部门、战略部门都可以承担 CPO 的角色。CPO 承担

着企业内部资源管理的职责,因此在流程上拥有最高权力。华为将最高流程责任人任命为全球流程责任人(Global Process Owner, GPO),且 GPO 在华为不止一个。GPO 与一级流程框架对应,理论上一个业务领域就有一个对应的 GPO,如销售领域的 LTC(Leads To Cash)、GPO(Group Purchasing Organization),研发领域的 IPD(Integrated Product Development)、GPO 等。

在业务维度上,则可以沿着职能授权业务流程责任人(Business Process Owner, BPO),或者按照区域、业务单元授权,各自在授权领域内行使流程管理权力。

第六律:搭建适宜的流程环境,环境往往比方案本身的优劣更重要

落地执行比顶层设计更难。现实告诉我们,很多好的制度、规划、流程等都卡在了落地执行的层面,而非顶层设计层面。

企业组织是一个复杂的机构,复杂在有一套属于自己的运行机制、具有社会属性的人群、人群具备不同的价值取向,要想将这些人融合在一起,形成统一的令行禁止的整体,难度是很大的。虽然方案实施前会预想很多好的实施路径、触发条件,但是现实并不总是根据设想开展。好的流程一定不是被设计出来的,而是被执行出来的。

要让流程更好落地,要做好以下四点工作:

(1)管理层要充分参与。项目过程中需要管理层全程参与,这在公司上下传递了一种信号,一种领导层对流程项目重视的信号。应许为某上市公司做流程优化时,公司董事长全程参与到项目中来,莅临每一场重要会议,在会议上力排众议、拍板决策,提供必要的资源支持,对项目顺利推动起到了重要的作用。此外,管理层的参与也意味着其要自我遵守流程。实践证明,最容易破坏公司内流程的往往是管理者自己。表不正不可求影直,如果连自己都做不到遵从流程,那么何以要求员工呢?因此,在流程执行中,管理者一定要起到表率作用。

(2)培训引导加强全员对流程的理解。流程需要每一位员工去执行,但不是每位员工都能理解流程的重要性,也不是每位员工都知道如何利用好流程

这套工具。因此，流程执行前的宣传、培训工作就非常有必要。通过充分的培训，让员工知道哪些是可以通过流程来固化的、哪些是可以变动的、每个岗位的关键点是哪些，从而培养一种流程文化。培训在加深员工理解的同时，也能够提高他们的认同感，在后续流程落实时减少其对新工具方法的抵触，让他们愿意尝试去改变行为与习惯。

（3）绩效管理推动流程落地。彼得·德鲁克说："如果你不能衡量它，就不能管理它。"这句话同样适用于企业的流程管理。流程文件发布实施后，如何有效地发现流程中的问题，并推动持续改进？可以基于流程设置绩效指标。与传统绩效管理按照垂直部门维度对目标业绩进行分解不同，基于流程的绩效指标设计可以沿着"战略目标—流程体系—关键流程—流程 KPI—岗位 KPI"的路线，面向的是流程上的最终产出。

（4）流程监控保障流程落地。人们只会执行被检查的流程。除了绩效考核，还可以通过监控组织推动流程执行过程。例如，对流程遵守情况进行定期检查，对关键流程及关键流程指标进行监督；又如，设置督察岗位，跟踪、监督流程执行落实情况；再如，定期开展流程复盘交流会，对过程中发现的问题进行优化改进。

第七律：流程变革必然会有阵痛，但其长期价值是无穷的

任何变革都是痛苦的，对于非直接从流程管理中获益的员工来说更是如此。因为流程的约束言行受限，员工要被迫改变长年累月的工作习惯，向所谓的规范化、标准化转变。所以从人性角度出发，员工对于变革是充满各种抗拒的。

但即便变革的过程是艰难的，变革也是必要的。在这样的时代洪流下，变革已经成为企业的长期课题。华为在内部设立了一个变革委员会，专门研究如何开展组织变革。不只是华为、阿里巴巴需要长期变革，其他企业、组织亦然。这是因为一旦挺过了变革阵痛期，变革所带来的长期价值将是无穷的，如图 2-5 所示。

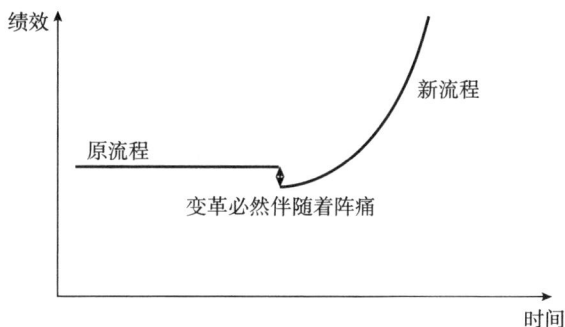

图 2-5 变革的长期价值是无穷的

华为的流程变革也经历了"先僵化、后优化、再固化"的过程。当初 IPD 流程重组之后，也遭到了员工的抵制。尤其是研发中心大量员工因为自己曾经"独断"的流程变成集成决策流程而愤然离职，成为华为历史上干部离职人员最多的时期。再加上华为内部聚集着很多优秀的高级知识分子，每个人都对工作流程有着自己的见解，在没有深刻理解管理技术的情况下，他们之间很容易引发争议，使流程变革难以落实到位。因此，任正非提出在流程引进的前三年要以理解、消化为主。最初的 IPD1.0 也只是要求照葫芦画瓢，按照文档要求去输出结果。接着 2001 年规定，30%的产品线要按照 IPD2.0 运作。2002 年规定，所有产品线要按照流程运作。与此同时，所有相关制度、绩效考核也已建立起来。之后几年，IPD 模式又被拓展到其他不同领域，在公司范围内推行。流程变革为华为带来的效益是巨大的。人们很容易看到华为变革之后的光鲜，却往往难以看到在整个变革过程中华为所经历的痛苦。

无独有偶，海尔做流程再造的前几年，销售收益也是每年递减，但是熬过了那段变革期，最终成为国际知名企业。就像彼得·德鲁克所说："我们无法左右变革，我们只能走在变革前面。"

第八律：天才不遵从流程可以宽容，但99%的员工不是天才

有人说，做到流程的标准化和规范化反而会使流程低效，因为抑制了员工的创造力，但事实不是这样的。

流程标准化和规范化会使工作低效吗？显然不会。每个企业都会有很多优秀的业务实践，如果没有通过流程进行提炼和固化，那么这些经验、教训以及凝结而成的工作方法还是由员工个人掌握，没有沉淀到组织层面，也没有成为公司做事的标准和依据。这就使公司对员工产生了严重的依赖性，业绩的好坏取决于员工个人。这不是一个成熟稳定的公司所希望看到的。只有完善的流程体系才能保证每个业务团队都按照最优的方法做事，才能保证不管是新业务还是老业务都按照一致的、最优的流程来交付。这种最佳做事方式的提炼和固化，对提高运营效率来说是非常重要的。

公司中90%的工作都是例行性工作，有固定的要求和范式。员工不应该浪费太多的精力、脑力去处理常规工作，可以通过流程固化提高效率。如果例外性工作反复发生，也可以逐渐固化为例行性的工作。企业要做的，是将节约的时间精力投入能创造更大效益的创造性工作。

流程标准化和规范化抑制了员工的创造力吗？显然也不是。由于流程固化提高了工作效率，减少了事务性工作在员工工作中的占比，使员工有更多的时间投入高价值事件，这是有利于创造力发展的。此外，我们要承认，生活中99%的人都不是天才，那些能为企业带来重要创新的1%的天才可以不遵循流程。

华为对专家是宽容的，任正非曾说："我们要宽容'歪瓜裂枣'的奇异思想，以前一说歪瓜裂枣，他们把'裂'写成劣等的'劣'，我说你们搞错了，枣是裂的最甜，瓜是歪的最甜，他们虽然不被大家看好，但我们从战略眼光上看好这些人。"在华为允许员工犯创新性、探索性错误，但不允许犯流程性错误，就是给予了"天才"规则内的自由。

流程不是公司成功的铁律，流程作为一种管理思想、管理理念，可以有的放矢，规范化与创新从不冲突。

第九律：以核心经营理念为指引，以解决问题为导向，不能迷信流程

随着组织规模的扩张，流程僵化、流程无效的情况不可避免会出现，这时

企业要做的就是不忘初心，找寻流程背后的经营逻辑。

在华为历史上，曾有一次影响深远的"马电事件"，给其留下了沉痛的教训。事件源于马来西亚电信公司 CEO 给时任华为公司董事长孙亚芳的一封投诉信，称"华为的表现并没有达到我对于一个国际大公司的专业标准的期望……"表达了对华为的失望和愤怒。其实，2007~2010 年，华为在马来西亚的业务从小做到大，成为马来西亚电信公司的第一大电信设备服务伙伴。马来西亚电信公司对华为也提出了更高的期望和要求，但可惜没有人真正推动、解决问题，帮助到客户。终于，当客户经历了一系列的单板搞错、软件搞错、割接失败、与华为协调联系无门、投诉无门，尤其是 IPTV 这一重点国家项目失败之后，马来西亚电信公司 CEO 写下了这一纸诉状。

孙亚芳看到这封投诉信后非常重视，认为华为已经触及了客户的底线，华为内部也开展了检讨、反省、反思：我们还是以客户为中心吗？

"马电事件"不只给华为也给所有企业敲响了一个警钟，那就是时刻保持自我批判与自我反思，反思我们是否一直在遵循着公司的经营价值观，走在正确的路上做正确的事，并且在过程中修正。

除了铭记流程背后的逻辑，也要铭记流程管理的初衷。

流程是为了解决问题，执行流程也是为了解决问题，我们要时刻记得这一初衷，不要为了盲目追求流程的合理性而去制定流程，不要为了走流程而去走流程，这些无异于舍本逐末、缘木求鱼。

当遇到流程不能解决的问题时，应该先与管理者协调、沟通，并快速做出决策解决问题，而不是纠结怎么做才能和流程不冲突。否则流程也会陷于教条，当初由流程打破的问题，现在会再由流程引起。

此外还要正确使用流程，流程解决的主要是常规问题，一些重复性比较高的业务和事项。对于一些疑难杂症，短期内很难通过流程解决，应该先解决问题，再花时间慢慢去逐步梳理流程。

第十律：持续小步迭代，甚于大规模优化

持续改进意识比大规模优化更值得推崇。"小改进、大奖励；大改进、不

奖励"是华为奉行的流程优化原则。任正非也曾说，华为流程管理之所以能取得较大成效，主要得益于员工的持续改进意识。

大规模流程优化带来的变革成本是高昂的。一般都是在现有流程已经出现了较大的不合理，甚至可能与业务脱节的情况下，才会有大规模优化的需要。大规模优化往往意味着业务流程的重新组合、组织结构的变动、人员职责的调整等。变革本身已经很痛苦，更何况大规模变革？变革付出的成本随着变革力度的加大呈指数型增长，优化范围越大，变革程度越深，成本也就越高昂（见图2-6）。因此，我们要做的就是尽可能规避大的流程问题的出现。宁可做十次小的迭代，也不要选择一次大的优化。

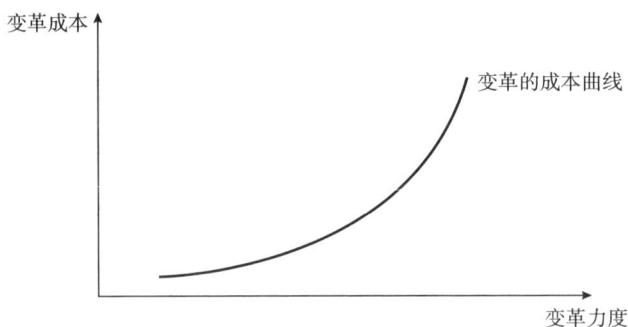

图2-6　成本与变革曲线

只要有持续的小改进，就不会出现严重的、大范围的流程问题。

第十一律：形成流程文化，"内""外"联动

流程不可能面面俱到。我们可以通过流程、制度文件来规范员工，但更为重要的是建立企业的流程文化。所有人都用同一套标准来约束自己，执行共同的准则。

文化是"向内而化"的，随着员工认识的逐渐加深，最终演变为自觉的行动，那我们就说这种文化已然内化形成。例如，华为在最初引入流程管理时，也是被很多员工误解，甚至引起了离职潮。但随着流程管理越来越深入，

当企业、员工感受到流程管理的好处时，流程将从"被动要求去做"变为员工"主动要求去做"，老员工也会引导新员工去遵循流程，那么对于公司来说，久而久之就形成了一种流程文化。

有内必然有外。文化的内化需要一个外在的约束，这个外在约束就是公司的规章制度，因为人是需要被约束的，尤其是在涉及行为的改变时。我们都知道，任何一种文化的形成都不可能是一蹴而就的，一种文化的兴起必然伴随着另一种文化的消灭衰亡。所以，流程管理共识的达成、流程文化的形成，也会伴随着"随意"文化的衰亡。那么，在这个长期"矫正"的过程中，必然需要外在的规章制度作为"矫正器"对员工行为提出硬性要求。

有些企业在建立流程文化的过程中，过于重视"外在"规则的利用而忽视"内在"的重要性；还有些乐观信任"内在"而不做"外在"的约束，这都不利于流程文化的建立。流程文化的建立要"内外联动"且"内外合一"。

打通内部组织通路：H公司流程变革之路

应许服务过一家上市跨国集团企业——H公司，其业务范围涉及资源勘探、生产制造与大宗贸易等模块。自1997年成立之后，H公司已经发展为业务成熟、经营稳定的行业知名企业。但随着H公司业务规模的扩张，企业管理的难题层出不穷。

- 物流部门承担了部分销售及市场的功能。
- 采购部分职责划到了财务，部分在采购部，两部门常常因职责划分牵扯不清。
- 供应商管理局限在建立供应商名册，缺乏资质审核、信用评级分类。
- 采购流程与供应商流程互相独立，部门之间沟通协作不顺畅，工作效率低。
- 风险控制职能缺失。

H公司显然存在着业务流程不清晰、权责不分明、关键业务管理较为混乱的问题。在公司发展初期，由于公司规模小、业务单一，对流程的依赖度低，老板一人作为"救火队长"足以解决公司的各类问题。但是，随着企业规模的扩大，企业管理的难度呈指数级增长。此时企业也需要用规范的业务流程、管理制度进行管理，以减少企业经营中的意外情况，降低企业管理成本。

因此，设计一套信息通畅、反应迅速、决策科学的流程体系是 H 公司彼时迫切的需求。

何去何从？项目组为 H 公司开展了为期 18 个月的流程优化工作。

● 从头梳理了 H 公司的业务价值链，对公司关键职能、业务职责、内部授权等进行了充分分析，为 H 公司逐级梳理了一级业务流程、二级部门流程以及三级操作流程的流程框架。

● 针对每一个三级操作流程，梳理流程操作步骤，并识别流程的关键节点，确定流程责任部门，明确每个流程的结果产出（文档、数据等）。

● 为每一个三级流程绘制流程图，撰写流程说明，作为流程执行的依据。

● 每个一级流程梳理完成后，撰写针对一级流程的管理制度（如财务管理制度）。

本次流程优化项目成功地帮助 H 公司提升了流程能力：补充了缺失的业务流程；对混乱的业务职责重新梳理，切割部门职责，并弥补了原来的灰色管理地带；提高了员工工作执行的规范性，减少了工作不合规情况。

比设计更难的是执行。流程设计完成之后，项目组又用了半年时间，帮助 H 公司从制度规范、流程 IT 化、行为手册编写、流程执行检查等方面将流程落地。

如今，H 公司早已形成了流程文化，流程执行已经变成了员工的自觉行为。一方面，流程的高效管理提高了 H 公司的管理能力，解放了管理者的精力，使高层可以更多地将视野放到影响企业未来的战略事项上，而非部门之间的"扯皮"事件。另一方面，更简洁、高效的流程也使业务运转更为顺畅，部门之间的合作效率大大提升，从而提高企业整体运行效率。流程优化一年后，H 公司实现了经营业绩 67% 的增长。

三、本章小结

本章介绍了组织结构和流程作为组织的两股核心力量，共同定义了组织的基本模式与运转的规则。它们是企业战略实施的载体、分工协作的依据，也是组织活力的保障。它们共同构成了企业的毛细血管网，在企业大循环中发挥着举足轻重的作用。

组织结构设计的五因素、流程管理的十一律是本章的核心，它们为企业提供了做好组织结构设计和流程管理的方法论。正如哈耶克所说，"一种坏的制度会使好人做坏事，而一个好的制度会使坏人也做好事"。组织结构与流程的好坏，将直接影响企业的经营效益。

3

第三章

激励是企业的
血液动力

有了血管通路（组织结构与流程）以后，建立大循环的最后关键一步就是让血液健康有效地流转——激发员工的能动性。人体如果血液流通不畅，将会导致血栓的形成，阻碍血液流动。血栓严重时甚至还会危及人体的生命。企业如果血液流通不畅，也会造成整个组织氛围沉寂如死水，久而久之，企业也就垮了。

为了让血液顺畅流通，人们会通过有氧运动、泡脚、按摩等方式让血细胞"活起来"，从而促进血液循环。同理，企业也需要通过薪酬、绩效和企业文化等手段激励员工的能动性，最终增强组织表现。美国哈佛大学教授威廉·詹姆斯在《行为管理学》中指出，通过对员工激励研究发现，在缺乏科学、有效激励的情况下，人的潜能只能发挥出20%~30%，而科学有效的激励机制能够让员工把另外70%~80%的潜能也激发出来。可见员工激励之于企业活力的重要意义。

激励何以有如此的功效呢？可以从激励对员工、企业两方面的影响来看。从员工来看，激励最直接的意义便是让员工的需要得到了满足，从而激发员工的积极行为。从企业来看，激励是企业吸引人、留住人的手段，也是企业活力的源泉。

激励满足人的需要。激励一词来源于心理学，由需要、动机、行为三个主要因素构成。马斯洛需求层次理论表明，每个人都是有需要的，如食物、居所、成就等。当一个人对某一需要产生渴望时，内心就会产生驱动力。在这种动力的驱使下，人就会采取一系列行动来实现自己的需求。如果这些行为适当，就会得到回报，即需要得到了满足。如果行为不适当，需要不能得到满足，员工就会调整自己的行为，再次努力去得到自己所需。因需要产生了动机，因动机引起了行为，这就是激励的逻辑。企业善用激励手段可以有效激发员工底层的需要，从而带来行为改变的动力。

不同的哲学流派虽在观点上有异，但也基本都是基于人的需要发展的。人本主义哲学强调，要以人为中心，关注人的问题，而人的需要是无尽的，在当前需要得到满足之后，人并不会持续感到满意，人会永远积极地寻求发展，这是人的自我完善性。马克思主义哲学指出，人是有主观能动性的，人会认识客观世界并改变客观世界。人站在不同的角度看问题，就会得到不同的答案，人的需要取决于与客观世界的联系。犬儒主义学派的教条是，人要摆脱世俗的利益而追求唯一值得拥有的善，突出了人的更高精神需要。不同的是，伊壁鸠鲁主义认为存在的唯一意义是自我享乐，最高的快乐来自知识、友谊、美德、性和食物。

需要是人的本性，需要可以被利用起来，在企业激励中得以运用。人性需求不同、追求的东西不同、站位就有所不同。为了充分发挥人的生命力和创造力，管理者要重视、尊重、维护、满足人的需要。

我们知道，在餐饮业，海底捞的服务是其取胜的关键，但是将服务理念成功灌输给所有员工，激励每一个员工共同努力才是其取胜的核心。海底捞的激励是多方面的。例如，为员工设计好在企业的职业发展路径，并向员工清晰地说明发展途径及待遇，激励员工对更美好的未来的追求；完善内部考核机制，包括业务、创新、员工激情、客户满意度、后备干部培养等方面，激励员工的工作热情；尊重与善待员工，为他们配备员工宿舍，且都是正式小区或公寓的两居室、三居室，并配有宿舍管理员照顾其日常生活；海底捞的所有岗位，除了基本工资之外，都有浮动工资与奖金，作为对员工良好工作表现的鼓励。

在如此和谐的文化氛围与工作氛围的激励下，员工们的热情日益高涨，主动提出了很多改善建议。并且，只要是合理的建议，公司都会采纳。这些激励措施既满足了员工的基本需要，也满足了他们的尊重需要与自我实现的需要，激发了员工的主人翁意识。

员工的努力不是管理出来的，而是通过一整套的系统激励出来的。这些激励系统符合海底捞自身实际，满足了员工的各个层次的需要，如物质需要、被尊重需要、职业发展需要等，需要被满足了的员工才有足够的动力去提供优质的服务，发挥个人潜力，使海底捞在激烈的市场竞争中站稳了脚跟，并得到了稳步发展。

激励可以为公司吸引到顶尖人才。一个有效激励的企业能够吸引、留住优秀员工，为关键岗位提供后备人才，建立一支能力强且富有积极性的人才队伍。可以说人才激励有效与否，已经成为企业兴衰的关键。

企业也有自己独特的性格。应许气质类型理论认为，一个企业的激励特点决定了这个企业的气质，从激励强度、激励稳定性、激励灵活性三个方面对企业产生影响，如表 3-1 所示。

表 3-1　应许企业气质类型理论

企业气质类型	激励强度	激励稳定性	激励灵活性
抑制型	弱	—	—
兴奋型	强	不稳定	—
安静型	强	稳定	不灵活
活泼型	强	稳定	灵活

激励强度即愿意为员工的努力给予多大的回报，可以体现为工资、提成、晋升机制等；激励稳定性指激励的可持续性，作为一项管理机制，随着时间的推移，激励制度应具备一定的时间跨度，以赢得员工信任；激励灵活性则指激励方式和方法上的创新，激励不是一成不变的，激励工作需要在实践中不断被创造、被总结。

激励强度弱的企业，无论其激励稳定性、灵活性如何，都是抑制型的企业。过弱的激励会抑制企业的生命力。激励机制是企业运行的核心与基础机制，没有激励或激励不足的企业，就像一台没有发动机的汽车，无论车型多么先进、外表多么华丽，都缺少往前行进的动力。激励不到位将会抑制组织的创造力与动力。

激励强度强但不稳定的企业是兴奋型企业。例如，一些销售导向的公司，其激励强度与企业及个人业绩表现挂钩。这种激励方式的一个好处是可以节约企业成本，因为这种方式下的激励是根据创造的经济效益提供的。另外一个好处就是可以最大程度地激发员工表现力，做得多拿得多，激励性强。但是，兴奋型企业激励的不稳定性也会给员工带来心理上的不安全感。

激励强且稳定的企业，还需要判断其是否能够根据市场灵活地调整激励机制。激励强且稳定，但是不能灵活调整激励机制的是安静型企业，如银行机构。在这种激励体制下，激励的形式往往偏向单一，难以考虑激励的员工差异，缺乏对员工的深层次激励；激励机制往往也落后于市场的变化，存在一定的滞后性。

激励强且稳定，并能够灵活调整激励政策的是活泼型企业。活泼型企业重视激励机制的重要性，它们往往富有进取心，有强烈的危机意识，通常是以敢于冒险、善于创造的形象出现在大众面前，如阿里巴巴等互联网公司。激励强、稳定、灵活，是有智慧的激励范式。足够的激励强度给了员工强大的奋斗动力，稳定的激励机制又让员工在心理上获得了安全保障。激励方式和方法上的创新，保证了激励工具、方法与组织自身适应性和适应条件的协调，从而能长期保持人员的激励性。

很多激励富有成效的企业，都是通过长期激励、竞争激励等营造的活泼型企业，少见于抑制型企业和安静型企业。只有建立有智慧的人才激励体系，方能保持企业的活力。

就像血液从心脏泵出，通过动脉和毛细血管流向身体的各个部分再流回心房一样，让员工在运营系统平台的领导下，持续在组织流程中创造业绩，最后再将绩效反馈给平台，就是企业的大循环。

一、如何激励员工——六个维度、五个工具

人才激励如此重要，企业又该如何提高激励的有效性，实现更好的激励呢？

无论是马斯洛需求层次理论、麦克利兰成就激励理论还是赫茨伯格双因素理论等，各个激励理论无不指出，人的需要是复杂的，行为动机也不仅受单一因素驱动。成就激励理论指出，个人想要取得成就的愿望，往往能成为强大的

驱动力。每个人都渴望成功。成就需求高的人，在工作中更愿意去追求工作的高效率、高挑战，他们追求内在成就感甚于外在物质奖励。对于这类人来说，有挑战性的工作、高目标的激励效果往往更好。双因素理论将影响人的因素分为激励因素和保健因素两大类，保健因素包括公司政策、工资、同事关系、工作条件等，满足以上条件可以消除员工的不满意。但若想激励人们更积极的行为，则需要给员工提供激励因素，包括成就、赞赏、工作本身的意义与挑战性、责任感、晋升等。由此可见，内在的、精神的激励同样重要。

综合激励理论研究及上百家企业管理咨询经验，应许认为人才激励应该从多维度、多层次进行，故提出人才激励的六维模型，如图3-1所示。

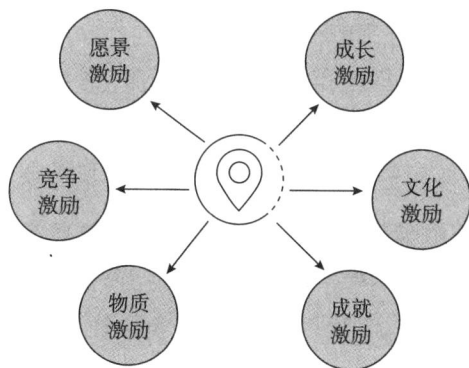

图 3-1 应许人才激励六维模型

由图3-1可知，让员工对未来充满美好憧憬的愿景激励、给予个人成长与发展机会的成长激励、在内部形成良好竞争环境的竞争激励、不断获得成功的成就激励、由企业使命价值观驱动的文化激励，以及能满足基础物质需要的物质激励，在人才激励中共同发挥着作用。

全面人才激励助力西门子百年屹立

德国西门子股份公司（以下简称西门子）创立于1847年，业务遍布全球200多个国家和地区，业务范围不可谓不广，管理不可谓不复杂。西门子就是通过人才战略、经营战略、品牌战略三大支柱支撑其全球业务运转。人才战略是其三支柱的底层支撑。西门子创始人维尔纳·冯·西门子曾说，"雇员的积极性是公司成功的基础"。西门子注重人才激励的作用，而激励也使西门子在残酷的市场竞争中始终屹立不倒。

近一百多年来，为了激励员工的积极性，西门子建立了一套全面人才激励体系。

在物质激励上，西门子为员工提供有竞争力的薪酬，薪酬不低于竞争对手意欲挖墙脚的出价，为员工提供福利保障措施。针对特殊贡献提供奖励计划，大大激发了员工的积极性。

在竞争激励上，员工部分工资与业绩实现挂钩，薪酬水平与价值创造对应，实行"按劳付薪"。员工受奖励的机会很多，但要求有相应的业绩，"不能致功，虽有贤名，不予之赏"。

在成就激励上，根据员工的兴趣与职业规划，在针对性地设计工作岗位，为员工设置具有挑战性的工作，使员工在工作中体会到目标实现的成就感。工作与职业规划相结合，也给每一名员工提供了良好的职业发展前景。

在发展激励上，依托西门子管理学院开展的内部培训，员工拥有大量学习的机会，为长期职业发展做准备。轮岗机制把员工轮换到另一更具挑战性的岗位上，在工作中开拓创新，为员工提供了实践学习、接受挑战的机会。在员工不能胜任岗位工作时，也会尽可能帮助他们遴选其他岗位，充分给予机会。

在文化激励上，"积极履行社会责任，为社会创造价值"的企业使命，让员工感受到其所从事的并不只是一项工作，更是一项对人类发展有意义的事业。领导层也被要求，要让每位员工的敬业精神以及通过勤奋工作所创造的价值得到及时肯定。共识的价值观、共同的行为准则以及组织共享的语言环境，都为员工带来了强大的情感驱动力。

在愿景激励上，西门子确定了未来发展的若干增长领域，公司将资源配置向新增长领域倾斜的同时，也宣布了新的战略举措，给不确定的未来规划了发展的蓝图，使组织成员共同向着目标前行。

人才激励既要有物质激励也要有精神激励，既要有外在激励也要有内在激励，如此才能实现人才激励效果的最大化。企业该如何在内部做好物质激励与精神激励呢？可以利用好薪酬激励、绩效管理、股权激励、职业发展激励、企业文化激励五个重要工具。

二、薪酬是最基础的激励工具

虽然薪酬管理是每个企业都要做的事情，但在过去薪酬管理很少受到重视。企业薪酬管理更多地局限在入职谈薪、每月发薪上，较少有专门从事薪酬研究与管理的人员，甚至很多私营企业干脆将薪酬管理职能划归到财务部。这种管理方式只能叫作"发薪"，而不能称为"薪酬管理"。

随着西方现代管理理念的深入，市场人才争夺战的加剧，越来越多的企业开始关注薪酬管理，关注如何通过合理的薪酬设计吸引优秀员工、留住优秀员工、激励员工。从大的趋势来看，薪酬支出占企业成本的比重日益上升，薪酬设计也更加多元化、人性化，薪酬管理已不再只被当作对劳动贡献的简单回报，而是上升到企业战略的一部分，成为企业价值观的体现，成为实现企业战略目标的战略性政策，也成为人力资源部的一项最基础性工作。

（一）薪酬体现创始人的治理逻辑

薪酬带有很强的创始人治理逻辑和文化路径传承下的个性特色。薪酬的支付逻辑往往是在这个个性特色下演进而来的。

步步高系创始人段永平是中国顶级投资人，自创业以来，他坚守一条人力投资和发展原则：10-20。10 是指企业营业收入的 10% 用来发工资，养队伍，收入盘子扩大则人力投入扩大，收入盘子缩小，相应人力支出就应缩小。20是指营业利润的 20% 用来做激励，赚得多分得多，这样一套规则在步步高系各家公司传承下来。

华为任正非提出"以奋斗者为本，持续艰苦奋斗"的人力资源指导哲学，愿意将薪酬向奋斗者、向人力资源价值创造者倾斜。华为在 20 世纪 90 年代末期以高出市场很多的薪酬水平招揽人才，甚至将全国电信相关专业的大学毕业生连班端，进行掠夺性人才招聘，为业务成长储备人才，将华为送进世界500强的大门。

薪酬虽不能创造价值主张，但能够成就老板的价值主张，包括对人才理念的理解、对薪酬管理的理解。华为"给火车头加满油"，就是秉承"以奋斗者为本"的薪酬原则，通过给足奋斗者利益回报，用价值创造撬动价值回报。

（二）薪酬不是成本而是资本

不少企业仅仅将员工薪酬当作一项人力成本，认为人力成本与企业利润是此消彼长的关系，降低薪酬支出就可以提升企业利润，这无疑是将员工摆在了企业的对立面。可实际上，在优秀企业家的治理逻辑里，从不认为员工与企业在薪酬上是博弈的关系，而是利益共同体，是"互利共生的系统"。

如果将人均成本、人均价值创造在一个二维模型中画出来（见图3-2），由企业自己选择期望的位置，相信不少企业会选择第Ⅱ象限，人均价值高且人均成本又低，岂不是利润最大化的选择？而现实告诉我们，只有人均成本与人均效益均高于市场中位值，才实现了员工与企业的双赢，局面才会更加长久。

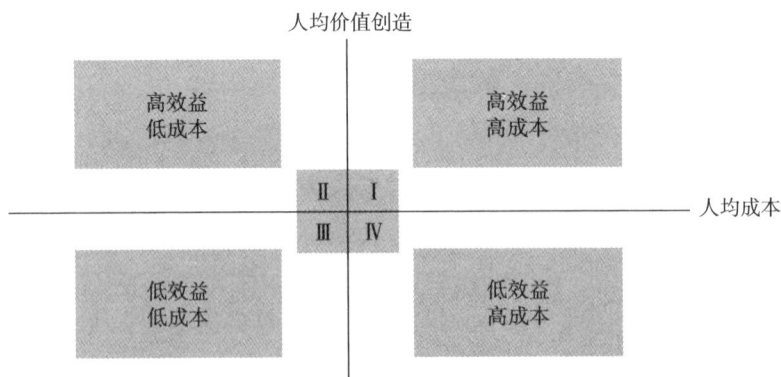

人均价值创造

高效益 低成本		高效益 高成本
	Ⅱ Ⅰ	人均成本
	Ⅲ Ⅳ	
低效益 低成本		低效益 高成本

图3-2 成本与价值创造模型

从薪酬的基本功能考虑，如果员工为企业创造了高效益，那么企业就应该付给员工相应的价值回报，得到了与价值相匹配的回报之后，员工自然愿意继续为企业贡献价值，这样才会形成互利共生的稳定关系。高效益、低人均成本的情况会有，但只会是一个暂时状态。随着时间的推移，员工会认为自己为企业创造了这么多价值，带来了这么高的效益，但薪资反而没有优势，这如何能接受？最终事态只会向两个方向发展：一是心生不满的员工到市场上去寻找机会，当薪资满足内心期待时，便会选择离职，这时企业若想留住员工或招聘到高绩效的优秀员工，那么只能"被动"地提高薪资待遇，结果也会演变成第Ⅰ象限高效益、高人均成本的局面。二是心生不满的员工认为自己的价值没有得到合理回报，为了与企业"对抗"，表达心中的不满，绩优员工也会开始懈怠。原来愿意做出100%的努力，现在只愿意做出60%的努力，创造的价值大打折扣，结果就会演变成第Ⅲ象限低效益、低人均成本的局面。后者显然是我们不想看到的。既然我们希望企业保持高效益的优势，那么何不"主动"选择第Ⅰ象限呢？

美国著名的苹果公司就奉行以高水平薪资吸引高素质人才为企业带来高效益，并且给到员工与价值相匹配的回报的人才理念。在这样的人才策略下，苹果公司2020年人均创利（每位员工为苹果公司创造的利润）达1118万美元，远高于同行其他企业。由于人均效率高，苹果公司可以拿出更多的钱来雇用优秀的员工，从而赚到更多的钱，进入良性循环中。

薪酬不是企业和员工之间的"零和"游戏，薪酬与利润不是简单的此消彼长的关系，只要运用得当，它们是正相关的。史玉柱也曾说过，工资最高的时候，往往成本最低。这里当然不是鼓吹高薪，只是强调企业如果仅将薪酬作为一项成本支出而一味地节省，那么将很难走得长远。

（三）薪酬是价值与市场之间的平衡

既然要给到员工相匹配的薪酬，那么如何界定薪酬是否合理呢？

薪酬是对企业人力资源价值进行分配的体现。对人力资源价值的评估通常有三个方面：一是职位的价值差异；二是因员工个人能力不同而产生的个人价值差异；三是员工在一定工作时期内的具体工作绩效价值差异。即职位价值（Position）、个人能力（Person）与绩效（Performance），同时还会参照市场水平（Market），这就是被称为"3P+1M"的付薪理念。合理的薪酬就是实现价值与市场之间的平衡。

薪酬随着职位的变化而变化。不同岗位承担的职能不同，对组织的贡献大小也不同。从人力资源的两个岗位来看，人力资源总监是企业人力资源管理系统的负责人，承载着推动人力资源体系建设、支持企业发展的作用，其岗位价值的发挥能够有效影响企业目标的实现。相较之下，人力资源专员是在更低阶层面发挥作用，如负责人事材料管理、人事手续办理等。两个岗位的薪酬差距自不用多言。在评估人力资源价值的时候，首要考虑的一定是员工所在岗位，因为岗位决定了员工贡献的上限，同时就决定了岗位薪酬的上限。

薪酬随着能力的不同也会有差异，能力的高低决定了能力薪酬的多少。能力高、绩效高的员工比能力低、绩效低的员工能创造更多的效益，自然应该得到更高的薪酬。但注意这里也存在着一个"用人陷阱"。员工能力只要足够胜任岗位就可以，并不是越高越好。如果只是招一个人力资源专员，那么我们并不需要对方具备人力资源总监的能力，也不可能因为对方具备了这样的能力，就给到他超出人力资源专员岗位价值的薪酬。

薪酬依据绩效表现来支付。以绩效表现为主的付薪理念主张依据绩效的大小而支付薪酬。做得多、绩效表现好，员工拿到手的就多，反之则只能拿到较少的工资。以绩效价值付薪有很强的激励效果，在营销等业务岗位上应用最广泛。

价值是相对的。就方法论而言，人的价值依附于岗位价值，岗位价值是从岗位的价值排序中产生的，然后结合人的胜任特质和绩效差异来微调人在岗位空间的价值排序。但市场是具体的，替代性在哪里，市场就在哪里。我们到哪里抢夺人才，哪里就是我们的市场。因此，了解员工价值在市场中的相对位置、了解竞争对手的付薪策略非常重要。

如何了解员工价值在市场中的位置？

一种方法是参考薪酬调研的结果，了解同行业同岗位的薪酬区间。要注意的一点是，薪酬调研结果往往存在一定的滞后性，且薪酬调研结果体现的是岗位薪酬的平均值，具体定薪时还要根据企业实际情况再做判断。

另一种方法是从新员工或离职员工口中了解。人在企业之间的流动，实际上为相对价值和具体市场之间构建了桥梁：知道我们的员工从哪里来，为什么要到我们公司；知道我们的员工想要去哪里，又是为什么想要离开公司。使企业内部与市场像连通器一般，无论哪一方在注水或抽水，也能始终保持对价值认知的动态平衡。

与市场比较的结果也可能是发现我们并没有薪酬优势，无法给到每个岗位市场平均的薪酬。那么这时就要优先考虑对公司业务增长最有价值的岗位，薪酬向关键岗位倾斜，保证关键岗位的竞争力。

美国奈飞公司（以下简称奈飞）的文化准则之一是"按照员工的价值付薪"。奈飞鼓励自己的员工去应聘其他公司的岗位。如果员工能够找到回报更高且自己更满意的职位，说明公司没有给到该员工对应价值的报酬，员工选择离职是应该的。反之，如果员工不能找到更好的职位，也能让他认识到，奈飞已经给到他足够多的薪水，促使其更加积极主动地工作。

奈飞员工始终保持着超高的创造力、忠诚度，这其中与奈飞为价值付薪的原则有很大关系。

（四）员工的薪酬感知比薪酬的绝对数字更重要

薪酬的绝对值固然重要，但比绝对数字更重要的是员工对于薪酬的感知。薪酬公平感知主要有以下两类：

第一，对分配公平的感知。对分配公平的感知主要源于报酬的公平性。员工会对自己与他人的投入与收益进行比较，判断分配结果的公平性。当员工感受到分配不公平的时候，就会采取心理或行为上的手段来恢复公平，如改变自己和投入、改变他人的产出、离开或者迫使别人离开。这些情况都是企业不愿意看到的。值得注意的是，每个人都倾向于高估自己的投入与价值而低估他人的，两个有同样工作产出的人，都会认为自己值得拿到更多的薪酬。

第二，对人际公平的感知。贝斯和莫格研究发现，管理者和员工的人际互动方式会对公平感知产生影响，包括程序上是否公开、透明，过程中员工是否有效参与，上下级间是否充分信任等。薪酬设计的原则如果能够清晰地向员工传达、解释，薪酬设计时如果能给到员工充分的尊重，将有助于员工去理解、认可这样的薪酬分配结果。反之，如果薪酬对于员工而言，只是每月发薪日看到的一个数字，那么将不利于员工对薪酬公平的理解。员工对人际公平的感知是被很多管理者忽略的，但这也是至关重要的一点。

此外，由于攀比心理的存在，管理好员工的心理期望也很重要。如今，薪酬保密已成为很多企业的通行做法，以规避员工由于讨论薪资而带来的薪资攀比行为。但薪酬保密不是让大家"谈薪酬而色变"或者每月工资就像"开盲盒"，不到发薪日不知道自己会拿多少。薪酬保密强调薪酬的绝对金额保密，但是公司可以将薪酬结构、涨薪规则告知员工，让员工算得出、看得清、拿得到，即每位员工都知道自己的薪酬涨了多少、涨薪的缘由是什么。如此才能有的放矢，起到更好的激励效果。

三、绩效管理是有效的目标管理工具

随着人力资源管理方式和管理理念的发展，为了紧跟经济全球化发展的步伐，应对全球企业之间的竞争，企业越来越认识到建立健全高效的激励机制的重要性。

绩效管理首先作为目标管理工具在企业中发挥重要作用。绩效管理将战略目标分解为各部门、员工的指标体系，向全员解释和传达了公司的战略，将公司战略与全体员工的行动联系起来，为全员指明了工作的方向。绩效管理与浮动薪资挂钩，又将员工个人目标与公司目标牢牢绑定在一起，最终通过绩效结果运用与激励的匹配，为公司价值创造的行为付薪。在这个过程中，绩效管理成为一条纽带，将企业策略与每个员工的个人表现联结起来，使每个在具体工作岗位上的员工看到个人的付出对企业成功与失败的因果关系。

绩效管理将部门和个人的业绩目标明确，将公司由战略而来的目标层层分解落实，避免了战略流于设想、落不了地的尴尬局面。通过对个人或部门的业绩考评，企业可以了解其对战略目标的贡献程度；通过对目标和实际结果的差异分析，企业可以查找影响达到目标的内外部因素，然后调动内部资源，推进企业目标的实现。

　　绩效管理作为人才激励的重要工具，在企业管理中发挥着重要作用。绩效可以以绩效工资的形式给予绩优员工物质回报。将员工利益与公司利益绑定，员工在为公司创造价值的同时，自己也可以获得额外的薪酬奖励。在对员工进行绩效反馈和辅导时，帮助员工认识到自身的问题，了解自己工作的完成情况，帮助员工成长进步。

　　绩效管理提出了人员评价的标尺，使员工创造的价值能够被合理地衡量，能够获得与价值匹配的报酬。企业中都会有三种员工：排头兵、主力军与"拖后腿"。排头兵是组织中的明星员工，占公司为数不多的比例，为组织贡献了大部分的价值。他们的贡献往往大于所得回报。主力军是组织的中坚力量，是维持组织健康运转不可或缺的重要群体。该部分人兢兢业业，做出业绩，往往能获得与贡献相匹配的回报。对于"拖后腿"而言，他们自身的发展进步落后于组织，带来的贡献较少，还会分享他人贡献带来的红利。企业建立一套公平合理的评价与激励机制，管理好企业中的这三类人，让合适的人拿到合适的薪酬是必要的。

　　做好头部员工的绩效管理，对于激励、保留优秀员工意义重大。美国有关机构做了相关调研，调查了 60 多万名员工，发现最顶尖 1% 的员工产出是平均产出的 10 倍，最顶尖 5% 的员工产出是平均产出的 4 倍多。在《重新定义团队》中有这样的描述，"并非大批平均水平的员工通过数量优势做出主要贡献，而是少数精英员工通过强大的表现做出主要贡献。多数组织都低估了最优秀的员工，给予他们的奖励也有所不足"。优秀的员工是不缺乏市场的。一旦遇到内部分配不公平的情况，优秀员工打破内部不公平的方法就是进入劳动力市场，去寻找一份新的工作，然后离开公司，这也是企业最不愿意看到的现象。

　　做好尾部员工的绩效管理，有助于组织去除平庸与懒惰。绩效管理体系为企业建立了一个健康的员工退出机制。识别组织中不合格的员工，对组织做好人员的新陈代谢至关重要。员工离职可以是功能性的，这个功能包括可以清理出低效率的生产者，企业为留下的员工提供晋升的机会。同样，也会增加劳动力的创造性、灵活性和适应性。尤其在激励呆滞和僵化的团队中，离职尤其具有价值。

利用绩效管理奖优罚劣，使员工始终保持积极进取的精神风貌。长此以往，绩效文化就会在组织中形成并持续发挥作用。优秀的企业不能没有绩效管理。正如管理学大师德鲁克所说，企业在管理上的成绩，不在于天才员工的多少，而在于如何使平常员工取得更好的绩效，能否完全发挥员工的优势，并利用好个人优势来帮助其他人取得绩效。

如今，虽然绩效管理已被企业广泛运用，但在实践中仍有不少对绩效管理的误解需要破除。要想绩效管理得好，有工具方法是一方面，正确认知是更为重要的一方面。

认知一：绩效管理不等于绩效考核，而是一个完整闭环

很多人将绩效管理等同于绩效考核，认为得出最终"分数"，并加以奖惩就是绩效管理的目的。这是对绩效管理意义的最大误解。绩效考核评价只是绩效管理的一个环节。

事实上，绩效管理是一个从绩效计划制订、过程沟通辅导、绩效考核评价、绩效结果应用到绩效反馈提升的完整闭环。在每一个环节中，管理者通过与员工的持续沟通，发现问题、解决问题，有效推动工作的开展，以实现组织目标。在此过程中，员工也将通过业绩达成、能力提升等实现个人的成长，最终实现组织与个人的双赢。

认知二：目标制定不只是分解指标，而是达成共识

很多企业在目标制定阶段有两种常见的做法：一种是老板与人力资源部一起把公司整体目标分解到各个部门；另一种是各部门负责人从老板那里领了分解指标的任务，然后每个部门做行动计划，做完之后再分部门向老板汇报。

这两种做法都没有做到上级和下级及各部门负责人之间对目标及行动计划形成共识，以至于回到日常工作中，下级向上级抱怨目标太高、没资源，没法实现，各部门负责人互相埋怨对方不支持、不配合。

因此，在目标制定阶段的产出并不仅仅是绩效责任书，还包括业务上下级或者横向部门负责人之间进行充分的沟通，对战略、达成战略的关键行动、衡量标准等达成共识。上下级及横向部门负责人在讨论过程中，动脑筋、想办法、定目标、迎挑战，既是"领导力"的展现，也有利于日常工作中的团队协作。

有些老板不愿意和各级管理者共同探讨目标，因为他们觉得这些管理者不具备探讨目标和策略的能力。实际上如果管理者没有机会参与，他们就失去了锻炼这项能力的机会。

认知三：部门经理不是"打分工具"，而是绩效管理第一责任人

一些实行了绩效管理的企业，常认为绩效管理就是每月做一次绩效评分，认为这就是绩效管理的目的。

绩效管理最重要的价值恰不在分数，而在于持续辅导与沟通。管理者给员工布置任务后，不能只在任务的完成节点去看工作完成得如何，而是在过程中就要给予监督、指导。与员工讨论工作进展情况，帮助他们识别潜在的障碍和问题，以便及时进行协调、调整。同时，管理者向员工提出工作要求，员工向管理者索取实现工作目标必要的支持与帮助，这样才能促进绩效的有效达成。

绩效辅导与沟通贯穿绩效管理的全过程。一个周期绩效考核结束后，上级也要就考核期内下级的工作表现、取得的进步与不足之处进行及时有效的反馈，帮助员工查漏补缺，更好地改善下一阶段的工作。

认知四：绩效辅导不是走过场，而是真诚协助员工成功

绩效管理没成效的很大原因在于对绩效辅导不重视，把绩效辅导仅仅当成应付人力资源部的工作，这样的辅导是没有意义的。绩效辅导发挥价值的核心是真诚。

第一，客观评价员工工作业绩，就事论事。对员工的表现给予客观的评价和反馈，不敷衍、不乱扣帽子、不随意贴标签，真诚地帮助员工实现进步。

第二，谈事的同时也要谈情，绩效辅导是要有温度的（见图3-3）。不要

一言堂，最好让员工来主导这场谈话，而且领导要愿意去了解员工的所知所感，让员工感觉到被理解、被尊重、被重视、被聆听、被信任，从而愿意与其做一场开诚布公的绩效谈话。

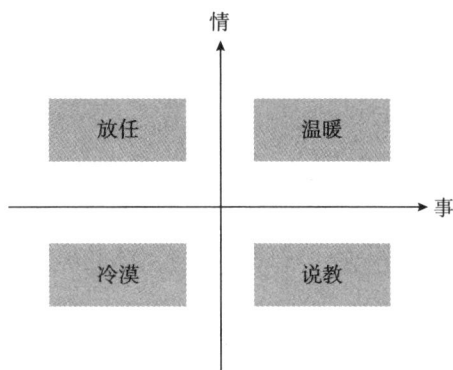

图 3-3 真诚开展绩效面谈的两个关键要素

四、股权激励是更长期的激励工具

2018 年以来，经济增速放缓，企业面临业绩增长与组织转型的双重挑战。"控成本、提人效"成为企业经营管理的主旋律。股权激励的关注热度却持续上升。一方面，股权激励作为多元化激励手段之一，把人才利益和企业的长期发展绑定在一起，在丰富企业激励形式、激发人才活力与吸引保留核心人才的过程中发挥着重要作用。另一方面，企业当前现金成本压力增大，实施股权激励计划成为缓解现金薪酬成本的一剂良方。

（一）股权激励是一类激励方式的集合

股权激励是长期激励方式中的一种，是向核心员工出让一定的股权，让其能够享受股权带来的经济效益与权利，从而激发员工工作动力的激励方式。股权激励是以员工价值贡献为基础的，员工的价值贡献带来公司业绩的提升，公司业绩的提升带来市值的增加，针对市值增加所做的贡献，公司给予员工相应的价值回报，遵循着一条严谨的激励逻辑链条。

广义的股权激励不是一种激励方式，而是包括股票期权、限制性股票等在内的一类方式的集合，如表 3-2 所示。

表 3-2　股权激励工具介绍

类型	是否实股	股东权益解释	权益	主要适用公司类型
股票期权	是	有	增值权	适用于初始资本投入较少、资本增值较快、在资本增值过程中人力资本增值效果明显的公司
限制性股票	是	有	分红权 增值权 投票权	适用于成长及业绩比较稳定、股价市场波动不大、现金流比较充足且具有分红偏好的公司
员工持股计划	是	有	分红权 增值权 投票权	适用于业绩稳定、比较成熟的公司
股票增值权	否	无	增值权	适用于现金流比较充裕且具有较大成长空间的公司
项目跟投	是	有	分红权 增值权 投票权	适用于地产企业、科技型企业，或其他以成果转化为目标，具有项目性质的领域
虚拟股权/影子股票	否	无	分红权 增值权	适用于增长较快、现金流量比较充裕的非上市公司和上市公司

股权激励方式林林总总，企业要根据需要选择适合自己的激励模式。如果给员工股份，可以考虑现股；如果需要满足一定条件后再给，可以考虑限制性股票或股票期权；如果不给实股，则可以采取虚拟股、股票增值权的方式，或者采用组合模式。

（二）股权激励助力企业实现长期目标

股权激励是一种中长期激励方式，兑现往往需要 3~5 年或更长的时间，且通过附条件给予员工部分股东收益，使员工与企业形成了利益共同体。

实施股权激励有三个重要意义。一是帮助企业明确发展的目标和方向。做股权激励势必要企业梳理自身，知道自己要去哪里，知道自己如何到达那里。过去中国企业是顺着大浪潮发展起来的，很多企业对前路缺乏系统的思考，而实施股权激励其实就是倒逼企业去思考。二是帮助企业聚焦长期目标。人一般愿意牺牲现在的利益换取未来更大的收益。从生物学角度讲，人体会分泌多巴胺，促使人对远景有所期待，从而忽略现实的一些利益损失。当员工成为企业的主人翁之后，自然会愿意付出比当下更高水平的努力，以获取中长期的价值回报。三是帮助企业稳定人才队伍。关键人才市场竞争激烈，关键人才的离职对组织会产生严重的影响。一方面，若一味采用短期激励、现金激励，企业的用人成本压力较大；另一方面，过多单一的激励也会造成激励效果的下降。因此，企业需要中长期激励来稳定人才队伍，通过股权激励让关键员工以主人翁的姿态参与到企业运营管理中，以未来收益换取员工当下的贡献与忠诚。

股权激励有助于企业实现长期目标，对于快速发展期的小型企业来说尤其如此。一方面，与大型企业相比，快速发展期的小型企业没有足够的可用于激励的资源，腾讯、阿里巴巴等公司给应届毕业生几十万元的年薪，是其远不能比拟的。另一方面，与大型企业死磕现金收入不明智，小型企业较之最大的优势在于发展的"不确定性"。正是因为"不确定性"的存在，小型企业拥有相对更大的成长性，通过利润分享计划或是股权激励，给关键员工分享企业的剩余价值。宁德时代新能源科技股份有限公司（以下简称宁德时代）在上市前，为关键骨干员工配股，作为留住人、激励人的手段。这些员工也确实为公司鞠躬尽瘁，把宁德时代送上了高峰时期。

海康威视通过股权激励一起做大蛋糕

杭州海康威视数字技术有限公司（以下简称海康威视）是国内知名高新企业。海康威视就是在发展中，通过股权激励一起做大了蛋糕。2001年海康威视成立，彼时国有企业中国电子科技集团有限公司控股51%，个人股东龚虹嘉持股49%，初期注册资本为500万元。截至2004年，海康威视净资产达到1000万元。但龚虹嘉觉得公司仍有更大的发展空间。于是他向经营团队表示，如果未来公司经营状况良好，将以公司的原始投资成本向经营团队转让 15% 的股权。2007 年 11 月，龚虹嘉果然以 75 万元的价格，向经营团队转让了 15% 的股权，而那时，海康威视的净资产已经超过 6 亿元，龚虹嘉"净亏" 8925 万元。除此之外，龚虹嘉还将 1% 的股权转让给总经理胡扬忠和副总经理邬伟琪。

龚虹嘉真的亏了吗？几年后海康威视上市，市值一路走高，最终龚虹嘉以 245 万元投资，翻利 2 万倍卖掉股票，赚了 500 亿元，收益超过 800 亿元，被称为中国最优秀的天使投资人。在这场博弈中没有输家，股权激励将龚虹嘉、经营团队与海康威视绑定成一个利益共同体，各方通力合作，实现了共创共赢。一时的成本不重要，要将眼光放长远，关注投入与产出之比。

海康威视在上市后，仍保持着每两年一次股权激励的传统，截至 2020 年，公司获得股权激励的员工占比最高时达到 24%，激励员工人数超过 6000 人，覆盖各层级管理人员及业务骨干的核心人才队伍。每次股权激励都是定向增发的限制性股票，允许员工在规定时间内按照五折的价格购买，解锁条件包括净资产收益率、营业收入增长率、股票价格等业绩指标。

此外，海康威视还针对员工推出了跟投计划，当公司有拟投的创新业务时，给予员工跟投认购的机会，使员工与公司形成了更加紧密的利益共同体，也形成了更加紧密的风险共同体。

但企业要切记，不要为了追赶潮流与模仿而选择做股权激励，也不要盲目地将企业没有做大做强的原因归咎于没有做股权激励，草率地实施股权激励，反而达不到效果。

（三）股权激励八个原则

股权激励方案又该如何设计呢？其实无论选择哪种具体的激励方式，股票期权、限制性股票还是员工持股计划，股权激励方案设计都大致遵循八个原则。

第一个：定激励工具

确定公司将以何种形式激励员工，股权激励工具的选择是股权激励的核心问题，公司应根据企业实际情况和未来战略的安排确定激励工具。股权激励工具大致有两大类：一类是股权激励，包括实际股权和期权。在选择激励方式的时候，要根据企业内外部环境条件和所要激励对象的不同，选择适合的工具。另一类是现金激励，包括虚拟股权、股票增值权。

通常，上市公司和非上市公司采用的股权激励方式有所不同。非上市公司倾向于选择现金型激励，而拟上市公司与上市公司更青睐于股权激励。非上市公司由于无公开的市场标的，所以往往以现金支付为首选。上市公司的股价可以实时反映公司业绩、激励效果，便于价值的衡量。且股权激励在开展过程中会受到监管政策与法律法规的监督，有股权激励更好的实施条件。对于拟上市公司而言，股权激励将有利于发挥激励对象的积极性、创造性，提高激励人员的忠诚度。

拟激励对象的不同也会影响工具的选择。如果激励对象是经营者或高级管理者，那可能股票期权比较合适。如果激励对象是管理骨干和技术骨干等核心员工，那么选用限制性股票比较合适。如果是针对一般员工，那么虚拟股票、股票增值权可以是一个好的选择。

第二个：定激励对象

激励对象的选择既要满足监管对激励对象范围的要求，也要注重选择业绩高、价值观一致的核心人员。公司核心人才一般包括高管、技术类人才、营销类人才等。在具体选择激励对象时，可以自行构建人才模型，如从岗位价值、人员的素质能力水平和人员业绩等角度开展评价，根据评估的结果对激励对象进行选择。

选择覆盖范围时一般有两种方式：一种是精英制，本着宁缺毋滥的原则，只对少数重点关键人才进行激励，常见于传统行业、资金密集型行业。另一种是普惠制，覆盖范围更广，常见于高科技型企业、知识密集型企业以及一般的创业企业，如海康威视股权激励最多时覆盖到 24% 的员工。

第三个：定标的来源

确定本次股权激励的股份来源，股权激励股的来源直接影响原有股东的权益、控制权和公司现金流压力等。

上市公司实施股权激励的股份来源一般比较固定。在我国，上市公司符合法律法规的股票来源方式有四种，如表 3-3 所示。

表 3-3　股权激励股份来源

方式	含义	公司融资增加股本	部分股东股权稀释	所有股东股权稀释
定向增发	向所有激励对象定向增发公司股份	√	×	√
大股东转让	由大股东将所持有的公司股份转让给激励对象	×	√	×
所有股东按照持股比例转让	由所有股东将所持有的公司股份按持股比例将股份转让给激励对象	×	×	√
股份回购	由公司向二级市场或特定股东回购	×	√	√

（1）定向增发。定向增发是指向证监会申请一定数量的定向发行的额度，以满足激励对象将来行权的需要。这种方式是以公司增加融资股本实现的，同时带来所有股权稀释。

（2）大股东转让。股东转让是一种常见的方式，尤其是在大股东具有绝对控制权的公司，在不影响大股东地位的前提下，大股东给予激励对象一个股票额度。这种方式不会影响公司股本。

（3）所有股东按照持股比例转让。是指所有股东按持股比例，将股权转让给激励对象。当然也会带来老股东股权的稀释。

（4）股份回购。由公司或委托信托公司等第三方从二级市场回购一定的股票，提供给股权激励对象将来行权。

对于非上市公司来说，虽然没有二级市场可供回购股份来用于股权激励，但相对地，同时也没有上市公司的诸多监管限制，只要原有股东同意，符合

《中华人民共和国公司法》的要求就可以。股权激励的操作比较简单，一般也有以下三个主要渠道：

（1）原有股东转让。可以是大股东转让，或是多个股东按比例转让。

（2）公司在募集资本时预留。在公司成立之初，有多个股东，但是一开始就考虑到未来要实施股权激励，可以预留一部分，由其他股东代持。

（3）增资扩股和转增股本时按比例预留一部分股份。预留股份由股东代持。

第四个：定授予价格

确定公司对员工的激励力度。授予价格需同时考虑政策、员工出资负担、心理预期等因素。

上市公司的股权激励授予价格可以按照上市公司相关股权激励管理办法执行。非上市公司的授予价格没有明确的法律限制。折扣力度、计算依据与激励对象达成一致即可。通常，确定授予价格的计算方法有两种：一种是以市场评估为基础；另一种是以注册资本金或净资产为基础。

价格决定了激励的力度。例如，宁德时代 2019 年以 50% 的市场价授予，2020 年以 99% 的市场价授予。前者体现了宁德时代充分激励骨干员工的目标，后者虽不及前者的激励力度，但体现了宁德时代对公司未来发展前景的乐观预期与对市值管理的决心，相信员工可以从市值增长中获益。

第五个：定绩效条件

确定激励对象的行权条件。股权激励的目的是实现公司业绩与个人业绩的双重增长，因此，在股权激励方案中要明确公司及个人业绩目标作为解锁或行权条件，强化激励与业绩导向并存的原则。现行法规也对上市公司实施股权激励计划的业务考核做出了相关规定，上市公司应当设置包括公司业绩指标和个人业绩指标在内的激励约束机制，以促进公司竞争力的提升同时不损害公司及股东的利益。

公司业绩目标一般从公司战略需求出发，结合公司历史业绩情况、行业及市场预期等提出。常见的业绩指标仍以净利润、营业收入等为主，这两个指标的使用频率高达 87.6%。例如，在股权激励方案中要求公司每年净利润增长率不能低于 10%，那么净利润维持 10% 以上的增长就是业绩考核的标准。

除了公司业绩指标外，还要考虑个人绩效目标，保障激励计划实施的公平性。例如，要求激励对象与公司签订绩效责任书，在个人绩效考核结果达到预期水平之后方可行权。

第六个：定额度分配

确定股权激励的额度分配。在激励总额的限制中，对激励人群进行不同额度的分配，以体现岗位、职级、业绩等差异。定额度包括了两个方面的内容：一是股权激励总量的确定，在此要考虑各批次激励数量和预留数量。二是激励对象个量的确定，即每位激励对象可获得的激励额度。

激励总量可以从企业的估值水平、CEO 分享精神、竞争对手的激励水平等因素来确定。可以是直接确定一个比例，也可以以员工总薪酬水平为基础确定一个系数，将股权激励总量与员工薪酬水平挂钩。

激励个量的确定要考虑激励对象的中长期薪酬比例。个人股权激励数量可以灵活把握。如果企业处于初创期，可以选择直接判断法，即考虑个人职位、业绩、竞争对手情况后，直接确定每个激励对象的获授数量。若企业属于成熟期，人数较多，可以考虑用分配系数方法，按照事先确定的人才评估模型，测算每个人的激励系数。不同行业通常也有可供参考的比例，如硅谷的期权分配遵循着总经理 5%~8%、副总经理 0.8%~1.3%、一线管理人员 0.25%、普通员工 0.1% 的规律。

第七个：定时间安排

确定股权激励计划以何种方式授予、解锁，锁定期、禁售期、行权期将如何安排，防止激励对象以损害公司利益为代价抛售激励标的的短期逃离行为。

股票期权包含授予、（分期）行权、转让三个主要环节，主要的约束集中在授予后至转让前持有期权的阶段。授予期是指激励对象可以购买公司股票的起始日，一般就是公司股东会/股东大会通过股权激励方案的日子，大都是一次公布，分期行权。现在企业股权激励计划的行权期大多以 36 个月为主，间或 48 个月，少有 5 年以上的，按照 4：3：3 或 5：3：2 逐年释放，或者每年等比例释放。限制性股票也大致如此。

激励时间的具体安排，还是要从激励目的、激励效果出发。实施股权激励计划时不能一次行权，会造成激励效果短促，无法保证激励计划的效果持续性。同时，不能让激励对象感觉激励目标遥遥无期，要让他们能够看到激励成果，不要因为时间过长而影响股权激励的效果。

第八个：定退出机制

公司发展有很多不确定性，股权激励也并不能完全留住人才，有些人会因为各种各样的原因主动离开公司，也有些人因为过错的原因被动出局，为了防范后续股权归属的争议，在事前就需要设置好股权退出的机制。

一般的股权激励退出方式有直接退出、股权回购、员工转让股权、员工离世等。直接退出是指一旦发生股权激励退出的情形，公司即刻无偿收回对员工激励的期权。此种方式适合通过期权或代持股方式对员工开展股权激励的企业。由于股权没有真正意义上完全授予员工，一旦出现员工离职等情况后，公司创始人可以直接收回期权或解除和员工的代持股关系。股权回购是指一旦发生退出情形，公司或创始股东通过向员工支付一定金额的方式，购买此前给予员工的股权，是目前应用范围较广的一种退出方式。员工转让股权是指被激励的员工可以把自己的股权转让给他人，但一般仅限于公司内部其他员工。员工离世也是退出方案设计时需要考虑的情况。一般是未确认的期权被注销，已确认的由公司退回本金及利息，已持有的股权由公司回购。

退出机制是股权激励设计时的重点考虑内容。只有事先对退出机制进行细致、公平的约定，才能实现激励的效果，也才能规避不必要的股权争议。

以海康威视 2018 年股权激励方案（见表 3-4）为例，对上述"八定"进行诠释。

表 3-4　海康威视 2018 年股权激励方案

激励要素	具体内容
激励工具	限制性股票
激励对象	高级、中层、基层管理人员，核心技术和骨干员工 6514 人
标的来源	定向增发
授予价格	16.98 元，为前一个交易日股票平均收盘价的 50%
绩效条件	公司层面业绩条件：每次解锁时点前一年度净资产收益率不低于 20% 且不低于标杆公司前一年度 75 分位水平；个人层面业绩条件：前一个财务年度个人绩效考核结果达到合格或合格以上
额度分配	126534881 股，占公司总股本的 1.37%
时间安排	在授予日的 24 个月后分三次解锁，40%、30%、30%
退出机制	对不能胜任、考核不合格、离职、职位变动、触犯法律、违反职业道德、泄露公司机密、违反公司规章制度、失职或渎职等行为进行了分别约定

五、职业发展是企业留住人才的关键

职业生涯是一个人对自己人生探索的过程，每个人根据自己的实际情况与自身条件，会逐步形成主导的职业发展追求。职业发展追求对员工来说是必然存在的，且会主导员工工作行为，继而影响组织表现。从企业角度来说，员工职业发展已经成为人力资源管理中的一项重要工作，通过为员工提供不断成长和获得职业成功的机会，使员工产生更高的工作绩效和留职意愿。同时，职业发展的存在也使企业激励的方式更加多样化，在文化激励之外，作为另外一项重要的精神激励方式发挥作用。

有很多方法可以实现激励的效果，如多付薪金或提供丰厚的福利。但是研究表明，这些都不是长期方案。薪资的激励效果有边际递减效应，给月薪5000 元的人加薪 1000 元可以实现较高的激励效果，但是给月薪 50000 元的人加薪 1000 元，带来的激励效果就会微乎其微。奖金往往奖励的是过去的业绩，而不是未来，对员工的长期绩效表现增益不大。福利过高，且又缺乏其他激励手段的话，就容易在组织内部积累惰性。像早期 IBM 由于高福利孵化出的

"津贴文化"，就令其苦不堪言。

短期激励是必要的，因为这种方式直接、见效快，能快捷地调动员工积极性，实现运营效果的提升。但短期激励需要不断地向员工施加，一旦激励中断，激励效果也就消失，前期的激励效果不会延续到未来。

职业发展激励是更长周期下起到激励作用的方式。职业发展激励可以满足员工自我实现和尊重的需要；可以帮助员工认清目标与现实之间的差距，不断突破自我；可以帮助员工与企业建立紧密的联系，帮助员工找到自己在企业中的价值，从而激发员工的内在工作热情。此外，对于企业而言也有重要的意义，包括有利于员工和企业之间形成利益共同体；有利于留住员工，保证团队的稳定性；有利于提高员工的敬业度。同时也为人才培养指明了方向，有利于人才梯队建设，从而推动企业的发展。

永辉超市人性化的职业发展路径

永辉超市股份有限公司（以下简称永辉超市）是福建省民营股份制企业。永辉超市内部有一条公平开放的员工职业发展之路。对各层级（店长、经理级干部、课长级干部、技工）的人才进行梯队建设和人才引进，是永辉超市近几年人力工作的重点之一。标准化的岗位设置，多层次的岗位体系，符合标准并通过培训、考核，即可晋升。为永辉超市的员工打造了非常人性化的职业发展和成长路径。在永辉超市，走专业技术路径的员工，最快用两年时间就可以成长到技师二级，收入达到入职时的2.1倍；走管理路径的员工，最快用两年时间可以成长到三级课长，收入达到入职时的2.1倍。在超市行业，一线员工流动率高一直是令企业头痛的难题。但在永辉超市，员工可以获得个人成长，同时还有物质回报，因此都有着很强的忠诚度与留职意愿。永辉超市也得以飞速发展，常年名列《财富》中国500强企业名单，营业收入屡创新高，2021年营业收入达到910.62亿元。

员工的职业发展与企业的可持续发展是相辅相成的。员工的发展离不开企业的支持，员工的奉献决定了企业的成长。亚瑟·谢尔曼教授认为，企业内的职业生涯开发被作为一种战略过程，可以最大程度地激发职业中个人的潜能，而且也是强化企业成功的一种途径。因此，企业帮助员工在本企业内发现适合的发展方向和目标，确保员工的职业发展与企业发展相结合，可以让企业与员工实现共赢并高速发展。

六、企业文化是无形的激励因素

除了物质激励之外，精神激励也是调动员工积极性、主动性和创造性的有效方式，强大的企业文化就是这样一种精神激励的手段。企业文化是集体体现的潜在价值观，是组织的潜在假设。好的企业文化可以引导、激励团队成员团结协作，为共同的目标而努力。

每天八小时工作，占据了一个人一天 1/3 的时间，如果只是为了薪水，为了工作而工作，那么员工也会是痛苦的。根据马斯洛需求层次理论，精神需要存在于每个人之中。好的企业文化就会吸引到合适的、有着共同价值取向的员工，并激励他们留下来。同时这样的一种精神文化，也会成为日后工作中的长期动力。

很多学者对企业文化与员工、组织绩效的关系开展过研究，科兹洛夫斯基等发现，企业文化对个体的士气、忠诚度、生产力、身体健康以及情绪状态都会产生影响。卡曼等研究发现，企业文化对提升组织绩效至关重要。美国哈佛大学的科特教授和斯科特教授深入研究了企业文化与企业长期经营业绩之间的相关性，指出企业文化对企业长期经营业绩有着重大的作用。重视各级管理人员领导艺术的公司，经营业绩远远胜于没有文化特征的公司。1977~1988 年具备文化特征的公司总收入平均增长了 682%，股票价格平均增长了 901%，公司净收入平均增长了 756%。而不具备文化特征的公司，总收入平均增长了166%，股票价格平均增长了 74%，公司净收入平均增长了 1%。

强大的企业都有其独树一帜的文化基因。我们常误以为是企业强大了才回过头塑造文化，殊不知，企业文化都是在企业发展过程中逐步形成并完善的。好的文化可以成为企业发展的利器。

华特迪士尼公司的企业文化是创始人赋予的，认为欢乐即等于财富。通过优质、高效、细致的服务，可以"让世界快乐"。可口可乐的企业文化是在公司面临竞争的时候发展起来的。从"成为受喜爱的品牌"，为客户提供多元的选择，到"我们在乎""没有一种感觉比得上回家"，企业文化是可口可乐竞争的重要工具。谷歌因其激情、自由、创新的文化一直为人所称道，谷歌的组织文化也是经过长期摸索，为了满足组织创新的需要而发展起来的。

文化是 IBM 的基石，变革铸就百年奇迹

从百年来企业的沉沉浮浮中我们不难发现这样一个规律：很多企业变革失败的原因是没有在文化中重视组织文化的发展与变革，与此同时，很多企业成功的原因恰是抓住了时机，成功理解、完成了文化的转变，IBM 即是如此。IBM 建立之初，在托马斯父子的引领下，IBM 形成了自己的文化原则，员工层面尊重个人，客户层面服务至上，产品层面追求完美。在这一文化信念的引领下，IBM 飞速成长为全球最大的计算机制造商，一度占据市场份额的 70%。

但到了 20 世纪 80~90 年代，随着组织机构的增加以及企业文化的变质，IBM 开始变得举步维艰，尊重文化变成了"津贴"文化、"不"文化，客户服务不再是主要的，机构越来越臃肿……到 1993 年，亏损竟高达 160 亿美元。后来的故事我们都熟悉，新任总裁郭士纳上任后开展了大刀阔斧的改革，尤其对企业文化进行了深层次的变革。他利用会议、培训改变高管的观念，推进 IBM 的领导力发展，因为领导是影响企业文化的重要因素。他重塑 IBM 权力机构，更换了 2/3 的高层经理，把原来低效、懒惰的风气一扫而尽。最终郭士纳为 IBM 重塑了绩效文化、流程文化与激励文化。昔日的蓝色巨人重新焕发光彩，1995 年营业额便突破 700 亿元。

IBM 在历史上经历了多次变革，每次变革的契机都是企业发展到一定规模后，经营管理出现烦琐和僵化，且每一次转型都是企业文化的深层次变革引领企业战略的变革，实现从理念到运营模式的根本性转变。

IBM 前掌舵人托马斯·沃森在《一个企业和它的成长》中说道："任何组

织要生存和取得成功，必须有一套健全的信念，作为该企业一切政策和行动的出发点，公司成功的唯一最重要的因素是严守这一套信念。"

企业文化之于 IBM 就是这样的信念。IBM 并不是在成为巨人之后才具备了这套"健全的信念"，而是自始至终都在寻找、贯彻，然后再寻找、再贯彻……企业文化是 IBM 的基石，也是其发展中永恒的主题。

大家习惯地以为企业文化是大企业的"特权"，是企业进入成熟稳定期后才有金钱、有精力去塑造的东西，是满足了"温饱"后去追求的"精神食粮"，对企业来说是锦上添花的存在。殊不知，发展中的企业更需要借助文化的力量。当企业还没有完全建章立制的时候，企业文化为员工提供了价值导向和行为导向，让员工自觉调整自己的价值观和行为方式，减少了部门之间、员工之间的消耗。相较于大企业而言，发展中的企业往往缺少更多的激励条件，如金钱、福利、晋升条件等，但是可以利用文化的黏合力量，增强企业的凝聚力，让所有人紧紧团结在一起，向着共同的愿景、目标努力奋斗，迈步向前。

（一）企业文化是企业家亲手铸造的护城河

企业文化不是学来的，而是由企业家一手创造的。科特和沙因都认为，企业文化产生的一般模式往往是由企业创始人及高管决定的。换句话说，一家企业的文化就是老板文化。

企业在企业家的带领下跨越一道道坎坷，迎来一个个成功，在企业内部树立了个人威望，并通过制度、决策以及交流等将个人的思维方式和行为方式融入企业的方方面面。在一定程度上，将个人层面的文化上升为了企业层面的文化，形成了具有企业家鲜明个人风格的企业文化。这些企业家有时也会成为企业精神领袖和企业文化的代言人，张瑞敏、柳传志、马云、王健林、马化腾、李彦宏、董明珠等都在此列。

若不顾企业内部文化基因而选择空降文化，那么将很难融合。由于任正非是军队出身，所以华为提倡狼性文化、奋斗者文化。后来百度在线网络技术（北京）有限公司在 2012 年也注入"狼性文化"，但两年后"狼性文化"因水土不服而烟消云散，因为这样的文化迁徙是没有根基的。

阿里巴巴的武侠文化——从十八罗汉到达摩院

阿里巴巴的文化透着浓浓的江湖武侠气息，这离不开马云的武侠情结。1992 年 2 月，在一个湖畔花园的小区，18 个人聚在一个公寓里开了个会，创立了阿里巴巴，后来这 18 个人被称为"阿里十八罗汉"。18 个人各有花名，取自金庸武侠小说中的角色名，自此，武侠文化渗透在阿里巴巴的日常工作之中。2002 年，关明生总结阿里巴巴的价值观为"独孤九剑"，为阿里巴巴构建了文化和价值观的统一及延续。2004 年，邓康明又将"独孤九剑"简化为"六脉神剑"，作为阿里人新的"内功心法"与行动指南。2017 年成立的实验室取名为"达摩院"，意为"天下武功出少林"的武学研究部门，是阿里巴巴的武林圣地。阿里巴巴的武侠文化，便是马云及其他"十七罗汉"一手打下的文化基调。

华为初期的"狼性文化"吸引了无数一贫如洗的奋斗者为其远走他乡，在陌生的国度、在艰难的环境中为华为攻城略地。

奈飞倡导"自由与责任文化"，因为相信创造力来源于自由而不是禁锢，因为相信自由同时也伴随着责任，所以给员工展开了一张巨大的画布，让员工尽情涂鸦。这样的理念为公司吸引了一大批有创造力的优秀人才。

美国富国银行奉行"清苦文化"，在收购了克罗克银行后，坚决解散克罗克银行的原班管理队伍，约 1600 名经理人，因为他们在"富贵文化"中熏陶已久，难以改变。

在巴菲特的 25 人小团队中就有岗位是寻找品行端正的 CEO，他也不止一次地说过这对于一家公司的重要性。因为一家公司 CEO 的品性基本就决定了这家公司的品性。

企业家对企业文化的形成和发展有着重要的影响，企业家的价值观念、处事风格、个性、知识背景等将会主导企业文化风格。这种影响可以是正向的，使企业文化作为无形资产成为企业的护城河，为企业创造源源不断的效益。

（二）企业文化在传承中发展

企业创始人给企业埋下了一颗企业文化的种子，这颗种子在继任历代企业家手下培育、传承。更重要的是，随着目标的变迁，继任者们引领这颗种子向着组织期待的样子生长。

我们儿时读唐诗、诵诗歌，是对民族文化的传承；员工参加文化培训、学习榜样故事，是对企业文化的传承。优秀的企业文化往往是从企业发展和员工诉求的普遍性出发提炼出的价值理念，经得起一定时间与困难的挑战。

当企业遇到挫折和困难时，会习惯回顾过去，因为现在走的路、遇到的坎儿可能都是前人经历过的，所以可以在类似的事件中寻找成功的经验，这是文化传承和积淀的结果。不懂得传承意味着事业会一次次重新起步，这是资源的巨大浪费。

传承企业文化不是在文化道路上墨守成规。外部环境会变、组织的内在需要也会变，企业及企业文化都需要随着环境去调整或适应变革。如故步自封，丧失了持续的前瞻性和进取心，企业终将被淘汰。创造性的文化发展和修正，既契合了不同时期企业发展的诉求，也符合文化发展的自然规律，不断推陈出新，发挥文化的"生产力作用"。

郭士纳升任 IBM 总裁后，打破了沃森时期的文化，并牵头发展了新的文化。时至今日，IBM 的企业文化又经过了数次变迁，也早已不是郭士纳时期文化的样子。企业文化在数代领导人的推动下，会以其特有的发展轨迹前进。

（三）企业文化要内外一致，由内向外

企业文化包括内外多个层次，每个层次有其表现形式，从内在的、稳定的不可观察的元素到更为外在的、显而易见的元素（见图 3-4）。最内层是潜在假设，它暗含了组织默认的行为规范，这是决定人们行为、思维、情感的最深层次的、无意识的假设，我们称之为观念文化或精神文化，它反映了企业的核心价值观。由潜在假设演化出了显性的契约与规范，包括流程、制度、原则等显性程序与规则，这是中层文化或者说制度层文化。人工饰物、外在行为则是

组织文化中可见的、能直接感受到的人工成分，也是组织文化最便于观察、学习的形式。最外层则是组织所呈现的外在行为，它们是组织文化的直接体现。

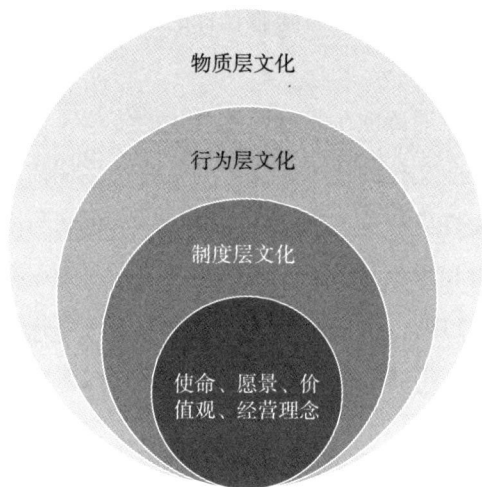

图 3-4　企业文化的洋葱模型

不可否认，不管是企业流程、制度、条例，还是外在的人工饰物如文化墙、宣传标语等，在文化建设上都起到了非常重要的作用，它们建立了组织规范、营造了有效的组织氛围，使倡导的行为在组织中形成惯例，但这些都是支持企业文化塑造的必要不充分条件。

如果仅从显性层面去建设文化，很容易陷入形式主义陷阱，且这种行为也具有潜在的风险，因为对于显性事物的理解会映射出个人情感和经历，如果深层次的情感认同不一致，经历不相同，对于同一事物的理解就会出现偏差。

此外，如人一般，仅靠约束行为、改变衣着，无法从本质上改变其性格。性格的塑造是从内而外的，只有最深处的潜在假设达成一致且成为组织的内驱力，企业文化才能形成真正的凝聚力，企业中的个人也才会自觉地按照文化鼓励的方式去思考与工作。

企业文化的构建需要由内而外地形成统一。中国共产党军队为什么能打胜仗？因为中国共产党的军队是由工农子弟组成的。在党的政治教育、思想教育下，每位军人都清楚自己是为了共产主义的理想而战，是为了自己的切身利益而战，这样的军队必是战无不胜的。

七、本章小结

本章介绍了应许六维激励模型。激励的方式可以有很多，企业可以从物质激励、竞争激励、成就激励、发展激励、文化激励、愿景激励等多维度开展人才激励工作，实现人才激励效果的最大化。由六维激励模型演化出了薪酬、绩效管理、股权激励、职业发展与企业文化五大企业人才激励工具。它们实现了物质与精神相结合、长期与短期相联系的激励效果。

激励的核心是满足员工的需要，激励的本质是企业与员工的双赢。一味空谈企业使命和经营理念是无法团结员工、无法让员工与企业同甘共苦的。只有把企业经营理念与多元激励有机结合，才能激发企业活力，让企业大循环真正有效地动起来。

第二篇

小循环是组织
活力的秘密

达尔文进化论演说，将适者生存理论与自然选择学说带给了世人。根据适者生存理论，物种的生存条件一直在变化，如果物种的变异适应不断变化的环境，那么就会在生存斗争中取得胜利，从而发展进化。例如，因为能吃到高处的树叶，所以脖子更长的长颈鹿被自然界选择留了下来。又如，在寒冷的北极，有着厚厚毛发的北极熊更容易生存胜出。如果变异不适应不断变化的环境，那么就会趋于衰减和死亡，如不具备厚皮毛的生物在北极的寒冷环境中自然无法生存。

人体也不断经历着进化，如人类逐渐抛弃了不再有用的尾巴，如相较于古人类，人的脑容量大大增加。此外，人体内也在经历着这样的"进化"。以肺为中心的小循环为各个组织细胞不断运来养料和氧气，运走二氧化碳等废物，发挥了新陈代谢的作用，保持人体的健康与活力。

同样地，在企业中也存在着这样的小循环。它以组织为核心，为了企业的正常生产经营活动，时刻进行着人才与知识信息的流动，推动企业的新陈代谢。流水不腐，户枢不蠹，企业的小循环是企业实现资源再配置的重要方式，也是使组织拥有活力的秘密。

4

第四章

打造人才供应链
促进组织人员新陈代谢

随着经济技术的发展和互联网对传统产业的冲击，在管理扁平化、项目化、去中心化的浪潮中，人力资本主权时代悄然到来。人力资源管理向人力资本管理转型，人才碎片式管理向人才供应链管理方向发展成为必然趋势。

马克思主义哲学强调了人的主观能动性。人的意识对改造客观世界具有指导作用，对人体生理活动具有调节和控制作用。人的意识活动依赖于人体的生理过程，又对生理过程有着能动的反作用。高昂的精神，可以催人向上，使人奋进；萎靡的精神，则会使人悲观、消沉，丧失斗志。

主观能动性要以尊重客观规律为基础，一切从实际出发。只有从客观实际出发，把握事物发展的规律，并在分析思考问题时遵循思维规律，才能形成正确的意识。只有在正确意识的指导下，自觉地进行符合客观规律的行动，才是正确的行动，才能达到改造客观世界的预期目的。对企业人才的管理也是一样，要从企业实际出发，认清需要什么样的人才。

发挥主观能动性要立足于物质性的实践活动。实践是物质转化为意识，意识转化为物质的桥梁与途径，是由客观引出主观，并使主观见之于客观的物质性活动。用理论化的语言说，离开实践，人们既不能认识客观规律，更不能使意识反作用于客观事物；用浅白通俗一点的话来说，就是如果不去做，就不可能知道事物是什么样子的，头脑里有再多再伟大的设想，也只是空想，永远成不了现实。所以，企业的人才选择、人才培养是构建于客观的物质实践之上的。

企业要把发挥主观能动性和尊重客观规律有机结合起来。既要反对否定主观能动性，把人变成规律的奴隶的消极宿命论，因此企业要主动出击，做出选择；又要反对不顾客观规律，夸大意识能动作用，冒险蛮干的主观主义和唯意志主义，因此企业要遵循人才管理选、用、育、留的逻辑。

在此趋势下，系统地发现人才、使用人才、降低人力资源开发的盲目性、提升人才的效用并保持低库存、均衡的人才供给，以及实现组织能力的提升，关系到企业战略能否实现和企业经营的成败。围绕着企业人才的生产、供给、配置，人才供应链应运而生。

打造好企业的人才供应链关键在于四大支柱：动态的人才策略、及时的人才补给、灵活的人才盘点、效益最大化的人才培养。这四大支柱帮助企业打造出与动态业务相匹配的人才供应链，快速地预见人才需求的变化、未雨绸缪地做好人才储备、及时地弥补人才空缺、恰到好处地在合适的岗位上匹配最合适的人才。

（一）人才策略是打造人才供应链的主动选择

企业人才策略是什么？有人说"人才策略是只招专业的人，提高人才密度"；有人说"人才策略是人尽其才，合适比优秀更重要"；有人说"人才是我们公司最宝贵的资产，所以人才策略是要给最好的人才提供最好的待遇"。每一个回答都从某个角度对"什么是人才策略"阐释了各自的理解。但疑惑仍在：到底什么是人才策略？如何判断一家企业的人才策略是否合适？

要定义人才策略，首先要解释什么是"策略"。"策略"有两种常见的定义：一是所有可以实现目标的方案的集合，二是根据形势发展而制定的行动方针和方法。借鉴这两种定义，应许对人才策略的定义是：人才策略是企业围绕人才"选、用、育、留"的理念、原则以及一系列系统整合的关键举措，旨在形成服务于企业的、可持续的人才优势。同策略一样，人才策略是一个带有长期主义、系统视角的议题。

甲之蜜糖，乙之砒霜。不同的企业在人才策略的选择上都应该考虑策略差异化。如果一家企业刚刚起步，便效仿行业巨鳄组织大规模招聘、急速扩张团队，那很有可能会陷入透支的困境。差异化的策略制定要考虑企业所面临的内外部条件。制定人才策略时需要考虑的内外部条件包括以下四点：

第一，公司所面临的外部人才环境。不同的公司所面临的外部人才环境存在很大的差异。北京、上海、广州、深圳等一线城市的公司和三四线城市的公司面临的是完全不同的人才环境，人才策略自然不可能一样。

第二，公司的战略意图和文化诉求。A 公司想做大，B 公司想做久，显然这两家公司在战略意图和文化诉求方面都存在很大的差异，那人才策略自然也不可能一样。

第三，高管团队的人才偏好。不同的高层领导对人才的偏好是不一样的。例如，明面上都是德才兼备，但有的人是"德才兼备，以德为先"，有的人是"德才兼备，以才为主"。不能深刻理解这种差异，就很难制定出好的人才策略。这个约束条件，常常被"不小心忽视"或"深度误解"，但它其实才是高层次人才生存和成长最重要和最直接的土壤。很多企业无法留住高层次人才，大多是因为不符合公司高管团队的人才偏好，而不是因为业绩不好或能力不强。

第四，公司人才管理的历史和现状。企业的人才体系不能脱离企业原有的基因。例如，在制定人才选择标准时要充分考虑公司历史上出现的优秀人才与当下所需人才的共同特点。这些都是一个公司得以茁壮成长的宝贵基因。

需要提醒的是，企业在制定人才策略时还要做到主动选择。人才策略合适性的最终验证是企业的人才目标得以实现。人才策略的目标是形成可持续的人才优势。为什么要强调可持续？因为一个好的策略应该具备长期价值，而不能是"一锤子买卖"。企业在人才方面的投资和在研发方面的投资是一样的，都具备投资大、周期长、风险高、收益大的特点。因此，企业在制定人才策略时，一定要明白实现人才目标需要承担什么、放弃什么，要为自己的人才目标和所选策略负责。

逢此百年未有之大变局，人才对于企业生存和发展的重要性日益凸显。"发展是第一要务，人才是第一资源""得人才者得天下"的硬道理大家都懂，但千军易得，一将难求，企业若想良将如潮、人才辈出谈何容易。尽管如此，还是有一些企业做到了这一点，不仅自身不断发展壮大，还为业界培养了大批人才。例如依靠人才成为"硅谷常青树"的惠普公司，又如"最佳雇主"奈飞，这些企业的成功经验值得当下的管理者借鉴。

（二）好的人才策略符合"三高"核心

成功的人才策略都有其共性寓于策略的独特性之中。应许认为，好的人才策略必然具备"三高"核心，即"高回报、高密度、高流转"。"高回报"是指企业应注重人才的高回报，实现整体利益最大化；"高密度"是指企业应创造人才的高密度，提升组织效率、优化组织氛围；"高流转"是指企业应保持人才在企业的高流转，以适应企业长远发展。理解"高回报"是制定人才策略的前提，奉行"高密度"是制定人才策略的关键，保持"高流转"是制定人才策略的保障。只有将这三大核心有机结合，企业的人才策略才能真正发挥作用，起到服务于自身长远发展的效果。

好的人才策略注重"高回报"。在经济学原理下，"员工为公司贡献生产要素，公司向员工支付工资和奖金"和"公司向客户提供产品和服务，客户向公司支付商品和服务费用"在本质上是一样的，都是在双方利益最大化下进行的等价交换。

追求利益最大化就意味着企业不能单纯地把人才当作成本，而是要当作一项资本。人才和企业不是对立的关系。当企业在合理范围内给予人才更多的薪酬、时间等功能性投入和培养、机会等心理性投入，人才必然会提高工作的积极性与稳定性，从而为企业带来更多的回报，包括长短期经营效益等物质性回报和成长、成就、对企业的忠诚等心理性回报。人才的投资回报率（ROI）可以用下列公式表达出来：

$$人才\ ROI = \frac{人才带来的物质性产出（短期、长期收入回报）+心理性产出（成就、成长）}{功能性投入（金钱、时间）+心理性投入（机会、知识经验）}$$

惠普：员工职业生涯培训项目

惠普公司曾在科罗拉多开发了一个为期 3 个月的个人职业生涯培训项目，内容包括员工的自我评估及其在职业生涯发展中的实际应用。目的是帮助员工发现在组织中适合其发展的各种机会，并建立朝着这一方向努力的激励动力。项目通过问卷调查、比较分析、谈话和自我评估等方式，让员工充分认识自己。

该项目了解了员工的职业目标，并将他们的个人情况做成档案。当组织对人力资源的未来需求与员工个人的职业目标一致时，就帮助员工设计在本组织内实现这一目标的具体安排。同时也作为工作绩效的一个评估标准，对员工职业生涯进展的实际状况及时做出评价，并给予支持。

这一培训项目取得了显著成效。公司可以更好地把握人员流动，员工也更容易理解岗位变动。岗位变动计划的40%在半年内得以顺利实施。据惠普公司统计，在岗位变动的员工中，有74%的人认为这种变动得益于这一培训项目。实施这一培训项目的一年中，科罗拉多分部的人员流动率开始下降，由于中层管理人员流失导致的替换成本减少了4万美元。

惠普公司通过培训帮助员工完善职业生涯，不仅使员工有了职业生涯的规划，还留住了人才，节省了成本，实现了双赢。因此，惠普公司此项人力资本投资是成功的，回报高于投入。

好的人才策略注重"高密度"。员工和人才并不是同一个概念。员工是企业的所有人员，而人才是有某些能力并能运用这些能力推进企业前进、做出贡献的人。对于企业来说，人才的密度越高，前进的动力就越强。阿里巴巴曾提出"非凡人做非凡事"的观点，认为组织要想进步，就需要越来越多的非凡人引领。无独有偶，扎克伯格也曾说"某个在自己的领域做得极其出色的人比某个做得非常好的人优秀得不是一星半点。他要优秀100倍"。这都是企业人才"高密度"重要性的最好印证。只有提高了企业的人才密度，企业对人才的投入才会真正有意义。

高人才密度有助于创造稳定的员工关系。美国人力资源协会统计结果显示，美国企业在过去几年的主动离职率平均为12%，被动离职率平均为6%，总计18%。同一时间段内，奈飞的主动离职率为4%，被动离职率为8%，总离职率为12%。高于平均被动离职率显示了奈飞对提高人才密度的决心和魄力。尽管被辞退的风险显著高于同类公司，但从远低于市场的主动离职率可以看出，有高密度人才环境的奈飞对职场人有着巨大的吸引力，帮助奈飞增强了公司内部人才的稳定性。

高人才密度可以带来远远高于其聘用成本的价值回报。1名优秀的员工相当于50名平庸的员工。企业中平庸的员工会消耗管理者的精力。因为整天要解决平庸员工产生的各种问题，管理者没有时间把精力放在优秀的员工身上。另外，平庸的员工拉低了整个团队的能力，使团队的工作质量得不到保证。在工作氛围上，平庸的员工甚至会排挤其他追求卓越的员工，导致企业人才的流失。而如果每一名员工都很优秀，他们就会相互学习、相互激励，工作业绩也会迅速得到提升，一方面降低了管理者的精力和压力，另一方面为企业创造着高额的价值回报。

奈飞：高人才密度的回报

奈飞（Netflix）董事长兼CEO里德·哈斯廷斯在2021年1月1日出版的《不拘一格》中写过这么一个故事：哈斯廷斯发现公司的工作量增加，却由公司原先员工数量2/3的人在承担所有人的工作量。于是很担心，他说："完蛋了，这肯定要有辞职的，大家肯定又会有很多意见。"结果没想到，公司里的人不仅没什么意见，还干得非常带劲。他很不理解，于是跟人力资源总监讨论是什么原因让这些人没有造反，竟然还干得这么开心。人力资源总监说："因为公司采取了一些措施，提高了人才密度。因此相对糟糕的员工都走掉了，团队内部剩下的都是优秀的人才，都是心态积极、能干的人。"高人才密度策略取得了立竿见影的效果。2020年，奈飞创造了27.61亿美元的利润，年增长率高达47.9%，使其在全美500强排行榜上从第164位升至了第115位，实现了巨大的经营效益。

好的人才策略注重"高流转"。张一鸣在某次行业会议上发表演讲时指出，要让公司保持成长，关键在于要让优秀人才的密度超过公司业务的复杂度。这是因为很多公司在创业初期，业务线不复杂，人员结构简单，发展起来比较顺利。但是，随着业务逐渐扩大，开展了大量低质量的招聘，导致人才队伍被稀释，内部管理混乱的情况随之出现。

在这种情况下，企业应当通过"高流转"保持人才的存量。在公司外部以常态化持续招聘，让有大局观、有好价值观、有知识、有能力的人才不断加入。同时将拖累公司发展且不愿意努力提升的员工请出公司；在公司内部以人才盘点、人才发展的滚动机制合理配置人才资源，让每一个人才都能在适合自己的岗位上发光发热。为者常成、行者常至。如果企业是一架水车，那么人才就是推动其运转的一股活水。只有长期保持人才的"高流转"，企业这架水车才能不断运转，否则只会停滞不前。

虽然企业在人才策略上的做法不该直接简单复制，但其中蕴含的"高回报、高密度、高流转"的"三高"核心确实值得借鉴。另外，需要注意的是，"三高"核心的三个要素是相辅相成的，而非割裂的，即人才策略应该是系统性的。企业在制定人才策略的时候应深刻理解每一个核心的内涵之间的联系，只有将三者充分结合才能将人才策略的作用发挥到最大。例如，张一鸣重视人才在企业的"高流转"，同时也遵循人才的"高回报"内核。又如，华为贯彻"高回报"，对人才予以高薪待遇和系统化的培养机制。与此同时，华为也坚持着看起来略为残酷的"末位淘汰制"。实现了华为在人才策略上的"高流转"，淘汰了有倦怠之意的老员工，激发了更多有激情、有想法的年轻人加入，为华为带来一次次的成功。

符合"三高"的人才策略是打造好企业人才供应链的基础，只有在此基础上，人才生产、供给、配置的活动才能顺利开展。

一、如何建立人才标准——人才画像

企业打造人才供应链时需要对自己的人才需求有清晰的认识。一千个人眼中有一千个哈姆雷特，对人才的判断也是。看待人才的视角不同、标准不同，对人才优劣的评判自然会有差异。因此，若要识别人才，就要定义一套统一、有效的人才标准。

当前，业界关于定义人才标准的工具有很多，但要说最直观有效的必定是人才画像。

人才画像的概念是在用户画像被广泛认知之后出现的。争取到用户靠用户画像，争取到人才就得靠人才画像。所谓人才画像，就是把人才的特征像画家画人物一样描绘出来，重点在于对人的"全面、多元、立体"的刻画。由于足够形象、足够具有画面感，描绘出的形象又便于理解和记忆，人才画像能让企业一目了然地认出需要的人才，所以非常具有推广和实施意义。

人才画像是对理想候选人的特质的精准刻画，用麦克利兰的冰山模型来说，就是刻画包含冰山上的显性特征和冰山下的隐性特征。冰山以上部分包括基本知识、基本技能，是外在表现，是容易了解与测量的部分，相对而言比较容易通过培训来改变和发展。而冰山以下部分包括社会角色、自我形象、特质和动机，是人内在的、难以测量的部分。它们不太容易通过外界的影响而得到改变，却对人员的行为与表现起着关键性的作用。选择人才时，不能仅局限于对技能和知识的考察，而应从求职动机、个人品质、价值观、自我认知和角色定位等方面进行综合考察。如果没有良好的求职动机、个人品质、价值观等相关素质的支撑，能力越强、知识越全面，对企业的负面影响就会越大。

通过人才画像，你一眼就能知道他是不是你要的人。对于企业来说，由于冰山下的部分难以评估测量，选择人才的时候就变得非常被动和盲目。但人才画像可以很好地解决这一难题，在某种程度上可以说是返璞归真。人才画像以人岗匹配为出发点，基于岗位对人才原型进行生动、具体的描述，让企业清晰地看清需要的人才在动机、行为，甚至外在形象、地域分布等方面有什么共同特征。有了人才画像这一工具，可以大大降低招聘人员和业务部门对人才识别的难度，有效提升人岗匹配的速度和精准度。

如何画一幅有效的人才画像呢？进行人才画像要清楚三件事：第一，画像的岗位；第二，画像的要素；第三，画像的步骤。

那么，哪些岗位适合做人才画像呢？事实上，在精力、财力等条件允许的情况下，所有的岗位都可以画像。但是，在精力、财力有限时，画像的岗位便有了优先级。以下三类岗位可以优先进行画像：

第一，同一职位有很多任职者的岗位。例如，产品经理类岗位人员需求量大，通过对岗位进行画像，可以大大节省选拔的时间成本和精力，事半功倍。

第二，公司的关键岗位，如销售团队领导者、事业部的负责人等。对这些岗位进行画像，有助于更清晰地描绘岗位需求的人才，帮助企业更为精准地锁定选拔的目标。

第三，特殊类的岗位，如管培生、合伙人等。这类岗位本身就更为看重候选人的潜力与特质。

对上述这些岗位进行画像，能够将岗位需要的特质具象化，降低招聘过程中的识人难度。

除了上述三类岗位，有条件的企业也可以对中层管理及以上的岗位都进行画像。多位学者指出，冰山下的特征是区分绩效优异者与平平者的关键因素，并且职位越高，作用比例就越大。因此，对于企业来说，对中高层岗位进行画像具有重要意义。

明确了画像的岗位之后，便要思考人才画像的具体内容，即画像的要素。应许建议的画像模型包括七个要素，其中四个是门槛要素，三个是潜力要素。门槛要素分别为经验、智商、价值观、风格，潜力要素分别为动机、能力、情商。如图4-1所示。

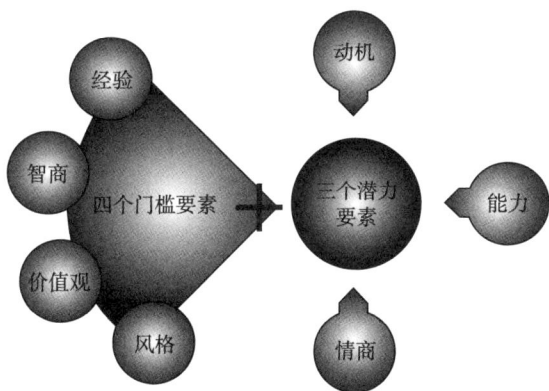

图4-1　应许人才画像七要素

门槛要素就是指这项要素过了门槛就可以了，再高收益也不大。以经验为例，门槛是70分，那过了70分就可以了，100分也没太大作用，因为边际效益降低了。智商、价值观、与领导风格的适配性也一样。潜力要素则不同。对于企业来说，人才的潜力要素越高，为企业带来的回报就越高。例如，情商越高，与企业其他人员、部门的沟通就越顺畅和谐，越不易产生内耗。情商、能力、动机的高低决定了人才在公司中的发展能否长远和稳定。

谷歌：创意精英人才画像

谷歌曾对公司的创意精英（产品经理）进行过人才画像，以"双 H"模型生动地画出了产品经理需要具备的谷歌范儿。第一个 H 指头脑，绘画出的创意总监需要具有专业头脑、分析头脑、商业头脑、竞争头脑、用户头脑；第二个 H 指心智，绘画出的创意总监需要具有好奇的心、冒险的心、开放的心、自发的心和一丝不苟的心。而其他企业通常用于招聘创意总监的需求描述是这样的：具备产品经理的通用技能、有挖掘业务需求的能力、有项目管理与沟通协调的技能……这些描述平淡且抽象，并不能让人对目标人才有生动的认识。

通过"双 H"模型招聘，谷歌能够更清晰地感知需要什么样的产品经理。挖掘业务需求能力通过"专业头脑、分析头脑、商业头脑、竞争头脑、用户头脑"得到了具象化，更高效地指导了人才识别和选择的工作。

可以看到，谷歌创意精英"双 H"画像中的十个要素也包含应许提出的七个画像要素。例如，"一丝不苟的心"对应着门槛要素中的风格，又如"自发的心"和"专业头脑"分别对应潜力要素中的动机和能力。因此，企业在进行人才画像时要结合自身对人才的实际需要，有机结合画像要素。

明确画像的岗位和画像要素后，接下来就可以着手画像了。

人才画像的第一步是选择画像岗位上最优秀的人，并提炼特征。这一步可以选择本公司该岗位上最优秀的员工，也可以选择外部企业同岗位的优秀员工进行对标。选择后聚焦其背后的关键信息，理解这些人为什么优秀。例如，给现有华东区销售负责人做人才画像，从各产业条线华东区所有销售负责人中，选出前5%表现最优异的员工，收集他们近2~3年的所有数据，从数据中提炼出关键信息，总结他们显性的共同规律，如本科学历、北方人、男性、在校期间负责过社团外联工作、5年以上工作经验等。

人才画像的第二步是勾勒关键能力。对第一步选择出的优秀员工建立能力模型或进行人才测评，并将能力项目出现的次数由高到低进行排序。如果暂时无法建立能力模型，可以采用头脑风暴或团队共创的方法，提炼出该岗位上大家都认为应具备的五大能力。这些能力可以根据岗位的需要日后进行迭代。例如，目前需要的华东区销售负责人应具备高效的沟通能力、积极主动的动机、引导销售机会的能力、建立信任的能力、谈判的能力。

人才画像的第三步是对关键行为事件画像。优秀人才的知识和技能只有通过某些特定行为的转化才能产生高绩效的结果。因此，可以根据所选优秀人才的过往行为数据或行为信息来深入进行人才画像。采用访谈、调研、事件复盘等方法收集画像岗位上优秀人才的典型行为，通过归纳总结的方式定义这些优秀人才的"长相"。

人才画像的第四步是锁定人才位置。所有画像特征提炼出来后，画像的整体轮廓大概就成形了。这时企业可以开始思考这样的人才会在哪里？目前是什么状态？例如，他们可能分散在哪些地方，包括知名企业、行业峰会、领英、知乎、论坛等。

人才画像的第五步是画像校准。人才画像的顺利落地和调整都需要通过画像校准来实现。企业可以使用市场上的专业测评工具，或是用情景模拟、实际的招聘结果来验证画像的准确性。当结果和需求出现偏差时，应该及时对画像进行调整，纠正画像要素的设置，以满足使用需求。另外，画像不是一劳永逸的，随着企业的发展和对人才需求的变化，岗位的人才画像也应该保持持续迭代。

任何工具只有发挥出作用才是实用的，人才画像也不例外。人才画像的目的不只是画出企业需要的人，更是要根据画出的图像找到需要的人。

如同刑侦剧里的犯罪画像，人才画像的首要用途便是"通缉人才"——寻人。将人才画像用于招聘，能够比传统的岗位说明和任职资格更为丰富、生动和精准。人才画像的另外一个用途是用于人才任用、人才盘点等环节。人才画像可以看作一份直观的、可视化的、精确化的人才档案。在人才任用、人才盘点决策上，这种信息比单纯的履历表、一页纸的评价报告更为直观和多元。这也是很多企业管理人员喜欢这种形式的原因，至少从用户体验上来说——看着不累。若再突出和加上一些关键标签信息，如关键经历、关键特征等内容，则更有利于做人事决策。

随着人才画像覆盖岗位的增加和自身的不断完善，除了能够实现快速的人岗匹配以外，人才画像还具备更为深远的意义：以人才画像为中心，能够建立公司对于优秀人才的价值共识，建立公正、客观、好记、好用的人才评价和选拔体系；同时还明确了优秀标杆，确立了员工的发展方向。它为人才的生产、供应、配置提供了标准，如同引擎驱动着企业人才供应链的运转，全面指导企业人才的选、用、育、留，保障了组织人员的新陈代谢，促进了组织效能的提升。

二、如何网罗人才——6S 招聘渠道、STAR 面试法、CREW 支持法

通过刻画关键岗位的人才画像，定义了人才选用的标准，接下来要解决的问题是：去哪里找到合适的人？如何筛选合适的人？

国内外，优秀的企业都非常重视招聘，在人才招选上都有着清晰的理念、策略和方法，以保证其能够有效地引进企业需要的人才，尤其是一流的人才。"工欲善其事，必先利其器"，掌握一套人才招选的有效方法，能帮助企业在选人时事半功倍。

（一）6S 招聘渠道

招人难的关键是招聘渠道的选择。有这样一则笑话：一位 HR 实在招不到人，便到相亲网站注册了账号，把相亲条件定位在三年以上 Java 开发经验，然后很快就有很多资深的 Java 开发工程师主动加好友示好，合适的人很快就招到了。这虽是一则业内笑谈，却也反映了招聘渠道选择对资源获取的重要性。

提到招聘渠道，不少人第一反应还是招聘网站。然而随着时代的发展、年轻人风格的多样化，人才招聘的渠道也越来越多样。应许根据不同渠道的特点及使用条件，构建了招聘渠道的 6S 模型，如图 4-2 所示。

最直接（Straight）：校企合作是
切入人才供应源的利刃

最稳妥（Safe）：内部推荐是
获得被动求职者的捷径

最快速（Speedy）：外部人才库是
企业快速补充人才的蓄水池

最简单（Simple）：自建平台是
展现雇主品牌的名片

最针对（Specific）：主动参与对外交流是
接触专业人才的直接通道

最省力（Save）：招聘网站和猎头是
最常用的外部资源

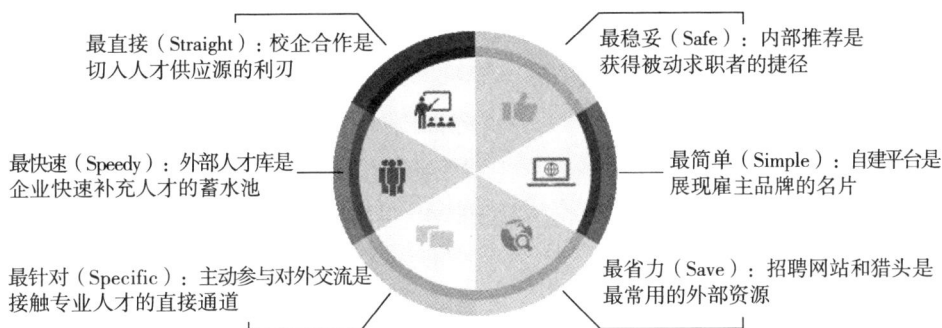

图 4-2　应许招聘渠道 6S 模型

1. 最省力（Save）：招聘网站和猎头是最常用的外部资源

传统招聘平台是人才的最大集中地，也是迄今为止企业最主要的招聘渠道。截至 2019 年，采用网站招聘的企业雇主数量高达 486.6 万家，受新冠肺炎疫情影响，2020 年有所下滑，但仍达到 442.8 万家。传统招聘网站在招聘市场起着举足轻重的作用。

招聘网站可以根据需求有针对性地选择。招聘网站有三大类别：一是综合化招聘网站，涉及各个行业，不受行业及岗位的局限，缺点是信息也会相对分散；二是领域化的招聘网站，涉及不同垂直领域，针对性高、差异化大；三是频道化招聘网站，依托行业等信息分类，形式丰富但也较为分散。不同招聘网站用户人群不同，企业可以根据自身情况加以选择。

除招聘网站外，猎头也是最常用的招聘方式。猎头与一般企业招聘、人才推荐等有很大的不同，通常聚焦在高学历、高职位、高价值的人身上，挖掘的是企业中实践经验丰富、业绩表现出色的中高级管理人才、技术人才。猎头扮演着企业与人才之间"红娘"的角色。也正因此，猎头招聘的费用高昂，企业使用时也会慎之又慎。

2. 最稳妥（Safe）：内部推荐是获得被动求职者的捷径

大部分优秀的候选人没有被发现。据应许观察，企业中 30% 的人因为各种原因想换工作，所以会主动投简历、找工作。这些人良莠不齐，既有大量优秀人才，也有不少竞争失败者。有 40% 的人仍在重要岗位上，他们对现状满意，不会主动寻找机会，但是如果有好机会找上门，也会愿意考虑。另外还有30%的人才，由于工作表现突出或岗位价值高，几乎都被雇主用各类奖金、股权等"金手铐"铐在了重要岗位上。人力资源部门（Human Resources，HR）在招聘市场上看到的是少数主动求职者，还有70%的被动求职者未被发现。

发现这部分人最好的方法就是内部推荐。相较于其他招聘渠道而言，内部推荐的成本低、周期短且录用比例高，成为很多大中型企业有效的招聘来源之一。调查结果显示，德勤咨询公司、腾讯、渣打银行等50%左右的员工都是通过内部推荐而来。

腾讯就在企业内部营造了一种伯乐文化，对推荐成功的伯乐还会有推荐奖励。在这样的氛围下，2014年1~10月，在腾讯全体2.4万名员工中，有9012人存在推荐行为，共推荐15228人，推荐岗位41815次。内部推荐不仅缩短了HR与候选人之间的距离，也稳定了人才队伍。在行业平均离职率高达15%的情况下，腾讯的离职率仅有5%左右。

3. 最直接（Straight）：校企合作是切入人才供应源的利刃

应届毕业生成为越来越受欢迎的劳动力来源。58同城发布的《2021年高校毕业生就业报告》显示，2021年新增城镇劳动力约1400万人，其中应届毕业生达909万人，是最庞大的劳动力来源。应届毕业生没有过往工作经验，更容易对企业文化产生认同。他们愿意尝试，具备很强的可塑性，在各个行业、各个岗位都有发展的可能。年轻的学生们还可以为企业带来活力，用有趣的思想打破企业固化的思维。更重要的是，人们选择的第一家企业、第一份职业直接影响其以后的职业性格。再加上参与校企活动也是企业品牌宣传的良好途径，因此，很多企业会选择校园招聘的方式，在每年的春季、秋季到各大高校去招聘。此外，也有很多企业与高校开展系列合作项目，提前锁定优秀学子。

过去，主要是一些大厂、国有企业等规模型企业开展校企合作。近些年来，越来越多的中小企业也认识到校园是一手人才获取的重要渠道，纷纷加入校企合作的大军。应许多年来也通过参加校园招聘的方式吸收了很多优秀应届毕业生，丰富了公司的人才队伍。

4. 最快速（Speedy）：外部人才库是企业快速补充人才的蓄水池

从企业开始招聘人才开始，其实就在不断地积累候选人简历。一份调查结果显示，多数大中型企业拥有的候选人简历总数超过 10 万份。如果能善加利用，这些将会成为企业最大的人才蓄水池。

造车新势力代表小鹏汽车成立于 2015 年。多年时间，小鹏汽车组建了一支规模化、多元化、重自研的跨界团队。截至 2020 年底，公司员工已超过 5000 人，除一线员工外，研发人员占比约为 60%。这支人才队伍帮助小鹏汽车实现了技术、销售的快速增长，创下了新势力品牌单车型交付破万辆的最快纪录。这样一支人才队伍与小鹏汽车人才库建设脱不开关系。截至 2020 年上半年，小鹏汽车已经积累了超过 30 万份的人才资源。在 2020 年上半年入职人员中，人才库贡献率接近 12%。庞大的人才库为快速发展期的小鹏汽车快速补充了人才。

人才库需要管理。随着简历数量越来越多，有些 HR 无暇处理便任由简历堆砌，最终成为"一潭死水"。这些不能被有效利用的资源库只能被称为简历库，而不能被称为人才库。人才库是有价值的人才储备的集合，人才库需要被管理。

人才库管理要有一定的"预见性"。人才库管理是基于企业的人力需求规划，在职位与人才之间建立起高效沟通的管道。根据企业人才需求，提前做好人才的摸查和储备，这样在人才稀缺的时候，就可以从人才库里快速搜索、补充人才。

人才库管理要聚焦有价值的人才信息，即符合公司业务发展需要的人才信息。这就要求除了进行人才数量的需求分析之外，也要应用适当的能力模型，对库内人才分门别类，提高人才搜索、匹配的精准度。

5. 最简单（Simple）：自建平台是展现雇主品牌的名片

很多快速成长型的企业有大量的招聘需求，但囿于雇主品牌建设不足，与龙头企业抢人往往处于劣势。其实，自建招聘平台是在招聘时展现雇主品牌的最好方式。

自建招聘页面可以从产品、品牌、团队、文化、人才策略等角度精准传达企业特性，帮助求职者更加深入地了解企业。而传统招聘平台难以满足这些特定需求或者需要付出高昂的成本，这也是越来越多企业自建招聘平台的重要原因。而且，选择到企业招聘平台上投递简历的人，都是有强烈意向加入公司的人，这样的精准投递是一般的招聘平台难以达到的。

随着移动网络的发展，企业自建招聘平台的方式也在不断地丰富，可以兼顾不同的场景。广东美宜佳便利店依托线上顾客优势，在微信订阅号上开辟了招聘模块。在上线短短半个月的时间内，便收到了 100 多份简历，投入产出比是客观的。澳华集团是知名畜牧业企业，将招聘平台嵌入企业官网，以网页的形式呈现，在上线 1 个月内，也斩获了 15000 多人次的查看量。

6. 最针对（Specific）：主动参与对外交流是接触专业人才的直接通道

还有一种招聘渠道很容易被企业忽略，那就是主动去举办或参与行业内活动，实现与行业内人才的快速接触。主动参与对外交流的好处便是与潜在候选人面对面进行交流，在动态交流中加深对彼此的了解与好感，这是线上招聘无法匹敌的。

2014 年，凭借"将 125000 美元带回家"以及"可以在 Paypal 工作"的诱人条件，在拉斯维加斯举行的黑客马拉松吸引了 500 多名黑客参加。在该场活动中，Paypal 作为赞助商之一，以提供工作作为奖品接触理想目标受众，和顶尖专业人才面对面接触，挖掘候选人。如今，各类黑客马拉松、博览会、竞赛已经成为很多企业定向招募人才的重要方式。

主动参与对外交流的方式，可以使企业与候选人直接接触，节省了双方的时间成本。该类活动会集了行业顶尖人员，也是提升企业品牌在专业群体内影响力的好机会。

（二）STAR 面试法

知道去哪里招人之后，还要知道如何选人。面试是考察候选人能力素质的重要方式。为保证招到期望的人才，企业在招聘过程中可以利用好 STAR 面试法（见表 4-1）。对客观事情的发生背景（Situation）、任务（Task）、采取的行动（Action）、达到了什么样的效果（Result）进行追问，由面试官对客观事件做出判断。

表 4-1　STAR 面试法问题示例

S	请问你是在什么情况下接受了这个项目的？ 当时的情境是怎么样的？
T	你的任务是什么？ 是为了完成什么样的目标？
A	你在整个过程中扮演什么角色？ 你采取了哪些行动？ 在这个过程中你是采取哪些行动来解决面临的问题和困难的？
R	最终这个项目完成了吗？结果如何？ 对这一事件你有什么样的思考？

首先要了解的是事件发生的背景。通过不断提出与事件有关的背景问题，可以全面了解候选人开展该事件的前提，从而获知事件哪些方面与候选人直接相关。此外，从中还能推断出候选人的动机为何、动机强度如何。

其次要详细了解的是候选人的任务目标。在事件中要完成哪些任务目标，每项目标的具体内容是什么。通过任务目标可以了解到候选人的工作经历和经验。

再次是继续了解候选人采取的关键行动。为了完成任务目标，候选人如何开展工作、采取了哪些行动以及采取的行动是怎么帮助其完成工作的。还可向候选人了解，在遇到困难和阻碍时又是如何克服的。通过这些可以进一步了解候选人的工作方式、思维方式和行为方式。

最后是关注事件达成的结果。询问每项任务在采取了行动之后的结果是什么，有没有达到预期的结果。通过这些可以对候选人的总结和复盘能力有所判断。

面试方同时也要关注 STAR 面试法的一些注意事项。询问的应是被面试者真正经历过的真实事件，避免使用假设或未来式的问题。还要避免问题转向绝对化和抽象化，如"为什么会有这样的想法"一类的问题，避免进入过多的理论讨论的范畴。另外，也要避免问一般性的问题，如"你一般会如何做？""一般"两个字容易让对方回答一般性的或理论性的做法。反之，可以提问"在当时情况下，你是怎么做的？"

STAR 面试法能够全面地再现关键事件的始末。在这个过程中，面试方要积极倾听，善于察言观色，及时捕捉候选人的面部表情和肢体语言，洞悉候选人的所思所想和所表述的真伪。

（三）CREW 支持法

不少 HR 认为完成新员工入职是招聘环节的结束，然而招聘的真正结束应该是让新员工留下并稳定发挥价值。一个员工离职的成本至少是其薪资的 1.5 倍，试用期员工由于岗位价值未完全创造，其离职成本将会更高。让新员工留下的关键是做好试用期管理。鉴于此，应许开发了 CREW 支持法，为企业做好新员工试用期管理提供了一套系统的方法论。

（1）激励支持（Compensation）是指结合薪酬绩效对融入情况和整体效果进行激励。老员工的薪酬长年没有调整，但新员工工资是按照市场上的薪酬水平招聘的，从而出现新老员工薪酬倒挂的现象。薪酬倒挂是企业内新老员工产生矛盾的重要原因。因此，企业一方面要避免盲目给新员工高薪，引发团队的不满；另一方面也要给予适当的激励支持，避免有功不赏、有劳不禄。

（2）人际支持（Relationship）是指给新员工安排有力的内部支持者，帮新员工做主，并帮其与关键岗位任务建立联系，缓解与老员工之间的矛盾。这种内部支持者常以新员工的带教导师身份出现，一般是新员工的直接上级、业务骨干等有经验的前辈。

（3）环境支持（Environment）是指帮助新员工梳理公司业务、各部门背景情况，帮助其认识公司内错综复杂的人际关系。也可以安排一些社交活动，如吃饭、团建等，有助于维护与各部门之间的关系。

（4）工作支持（Working）是指为新员工设定明确、清晰、合理的工作目标和期望，甚至对于重大、关键决策，上级应共同参与管理，帮助新员工度过一段工作难以理解、推动、落地的时间。

华为新员工融入管理

华为针对新入职员工有 180 天的融入管理计划，从新人入职、新人过渡、安排挑战性任务、建立互信关系、团队融入、赋予使命、制订发展计划、全方位关注八个阶段，来帮助其融入华为大家庭。

1~7天：新人入职。

8~30天：新人过渡，让其知道如何能做好。

31~60天：试用期员工接受挑战性任务。

61~90天：表扬与鼓励新员工，与之建立信任关系。

91~120天：让试用期员工融入团队，主动完成工作。

121~179天：赋予员工使命，适度授权。

180天：总结，制订发展计划。

华为180天的新员工试用期管理，就在激励、人际、工作、环境上给到了新员工支持。在激励支持上，华为有每年的固定调薪机制，在正常情况下，基本保障老员工的薪酬不会被倒挂。新员工定薪也有一条内部执行标准。在人际支持上，华为会在新员工入职当天就介绍给周围同事相互认识，开欢迎会或聚餐，会给新员工配备导师帮助其快速融入集体。在工作支持上，导师和直接上级都与新员工保持沟通，赋予其挑战性任务。每个季度保证对新员工进行至少1~2次的正式绩效面谈，帮助其回顾工作成果和不足，帮助其阶段性成长。在环境支持上，直接上级也会帮助新员工了解企业文化，帮助新员工度过刚进入岗位的不安时期。这样一套系统完备的试用期管理机制，能够有效地帮助华为新员工度过试用期，并为新员工转正后定级提供了依据。

CREW支持法可以从激励、人际、工作、环境多维度帮助新员工适应新公司，使新员工与企业之间摒弃传统的互不信任的合作方式，向合作共赢的方向发展。

三、如何盘活人才——人才盘点

企业内部有着多样化的人才，与物资一样，人才资源也需要定期的盘点，看看哪些人"增值"、哪些人"贬值"、哪些人"报废"、哪些人可以通过有效处理实现"再利用"，这就是人才盘点。人才盘点是对企业人力资源状况的摸底调查，通过绩效、素质、能力等维度的评估，盘出员工的总体绩效、优势以及待提高点，是识别人才、诊断组织的工具。

首先，人才盘点在流程和技术上能够有效地识别人才。通过人才盘点，可以清楚地了解公司是否有足够的人才储备进行发展，明确人才队伍的优势和劣势，掌握未来公司需要选择什么样的人才，以及怎样培养和任用人才，从而使人才选拔、使用、培养的效率得到提升。

其次，人才盘点可以使组织内部对人才标准的认识统一。如果组织内部对人才标准的认识不一致，将难以对人才实现有效管理。人才盘点用一套统一的标准作为人才选拔和培养的基础，然后以管理团队面对面交流的形式，落实内部对人才的看法、对文化的理解，甚至对组织战略的认知。

最后，人才盘点有利于组织系统整合人力资源。将人才管理各体系联结在一起，使绩效考核与能力评价成为一体；使人才选拔和培训无缝衔接；使人才发展支持业务发展，打造人才的竞争优势。

人才盘点最先由美国通用电气公司（General Electric Company，GE）开展。在第二次世界大战后的一段时间里，GE 的业务范围从传统电气扩展到核工业、飞机引擎、雷达等领域，需要更为分权的事业部制模式来管理，但同时意味着 GE 需要一大批具有管理能力的事业部经理人。在此背景下，促成了GE 人才盘点会议模式的建立。GE 采取书面化的形式对每名员工进行评估，将最终呈现的结果从价值观和业绩两个维度对员工进行区分，并以此为基础对人才进行激励、储备、培养和优化。

GE 将人才盘点列为核心机制

人才盘点是 GE 每年的重要大事之一。在 GE，人才盘点不只是人力资源的事，更属于业务范畴。在人才盘点会议上，前董事长杰克·韦尔奇和前高级人力资源副总裁比尔·康纳狄会召见每个业务单元的主管和人事主管，讨论领导力和组织问题。与会者对业务单元有潜质的人才以及组织的优先目标做出评估，谁应该得到晋升、奖励和发展？怎么去做？谁没有达到业绩目标？每个人都必须坦率，并且必须执行会议的决策。人们在对话中会反复讨论，而且对话会与各个业务单元的战略紧密联系在一起。在此过程中，杰克·韦尔奇会用笔做记录，总结对话的要点和行动项目，从而跟踪每次会议的结果。通过这一机制，选拔和评价员工成了 GE 的一项核心能力。

阿里巴巴也于 2008 年左右引入人才盘点，并将人才盘点列为每年必做的三件大事（9~10 月定战略，11~12 月做预算，2~5 月做人才盘点）。此后，也有越来越多的中国企业将人才盘点作为人才管理的核心流程引入企业的人才管理体系之中，并结合中国企业管理的独特模式做了很多值得借鉴的创新。例如，京东集团（以下简称京东）建立了无纸化、标签化、自助化、灵活化的人才盘点在线系统；长安汽车借鉴联想集团的"述能会"，将其作为人才盘点的核心流程，推动干部任用实现"干部能上能下、能进能出，干部队伍能增能减，以及干部的收入能高能低"等。

如今，不仅是阿里巴巴、京东、联想等优秀大企业每年开展人才盘点，很多中小企业也纷纷引入了这一管理方法。在招聘成本持续增长、人才流失严重、人才分布不均衡等各种内外大环境夹击之下，人才盘点显得尤其重要。

（一）人才盘点九宫格

人才盘点的方式有很多种，其中最为常用的是九宫格盘点。九宫格盘点将企业的人才类型从横向和纵向两个维度分为九个类别，并根据盘点结果将所有人放入九宫格，形成了公司的人才地图。

九宫格人才盘点的基本假设是通过两个不同维度的组合来说明公司的人才情况。通常情况下，绩效评估结果作为工作结果的维度是人才盘点的必选维度，另一维度的选择较多，如能力、潜力、价值观等。

具体选择什么样的评估维度取决于公司的用人原则。选择用能力作为评估维度，代表公司重视员工当前能力的发挥；选择用潜力作为评估维度，则代表公司看重该员工未来的工作成就；选择用价值观作为评估维度，代表公司重视员工的思想意识是否符合公司的需求，尤其对核心人才，因为价值观影响企业未来的培养、任用决策。

具体选择什么样的评估维度也受公司发展阶段的影响。处于快速发展阶段的公司往往更重视员工未来是否有可能承担更多的职责，因此倾向于选择潜力作为评估维度。处于稳定期的公司需要员工充分发挥当前的能力，做出最大贡献，因此愿意用能力作为评估维度。当公司达到一定规模后，公司员工是否有统一的向心力成了公司能否稳定发展的基础，因此很多公司会采用价值观作为评估维度。

人才盘点之后的结果可以以人才九宫格的形式呈现。九宫格的形式及应用，也可以根据企业实际情况自行设计。

腾讯人才盘点的结果是绩效—潜力九宫格。腾讯的人才管理理念是识别高绩效、高潜力人才，提升组织活力。通过将人才进行分类分析，根据不同类别匹配不同的管理手段。如图 4-3 所示，事业部（BG）内各部门根据员工绩效和潜力情况制作初始九宫格，再由管理层进行校正，得到最终结果。业绩高、潜力高的人才被称为超级明星，对于该类人才确保以职位晋升、薪酬等方式给予足够的激励。对于潜力尚可但业绩一般的员工，以引导改进为主，帮助其走向更适合的岗位，提高业绩。对于业绩尚可但潜力一般的员工，对其工作认可，但一般不会考虑给予更高的职责。对于公司中绩效、潜力都尚可的员工，可以重点对其开发、培训，将他们培养为企业的明日之星。

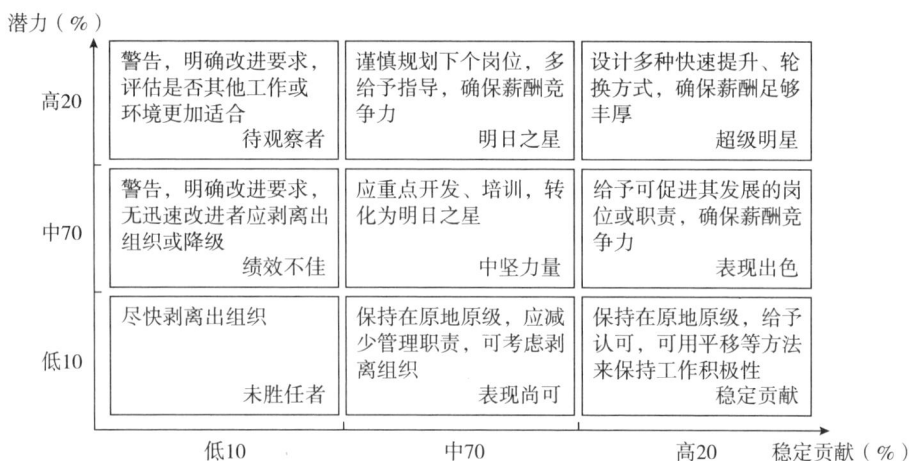

潜力（%）	低10	中70	高20
高20	警告，明确改进要求，评估是否其他工作或环境更加适合 待观察者	谨慎规划下个岗位，多给予指导，确保薪酬竞争力 明日之星	设计多种快速提升、轮换方式，确保薪酬足够丰厚 超级明星
中70	警告，明确改进要求，无迅速改进者应剥离出组织或降级 绩效不佳	应重点开发、培训，转化为明日之星 中坚力量	给予可促进其发展的岗位或职责，确保薪酬竞争力 表现出色
低10	尽快剥离出组织 未胜任者	保持在原地原级，应减少管理职责，可考虑剥离组织 表现尚可	保持在原地原级，给予认可，可用平移等方法来保持工作积极性 稳定贡献

稳定贡献（%）

图 4-3　腾讯人才盘点九宫格

　　京东人才盘点的结果是业绩—能力九宫格（见图4-4）。以绩效和能力作为横纵坐标，区分集团内部各种能力阶段的员工。对于有能力但绩效未实现的员工，如待发展者，帮助其分析能力未发挥出的原因，给予辅导和支持，帮助其提高绩效，逐渐向潜力之星、超级明星发展。对于能力中等的员工，如差距员工，可以给予稳定激励、挑战性任务，提高其能力的发挥，向中坚力量、绩效之星迈进。对于能力低的员工，绩效高的员工维持原岗位发展，绩效低的问题员工，则在确保继任有人的情况下，及时剥离组织。

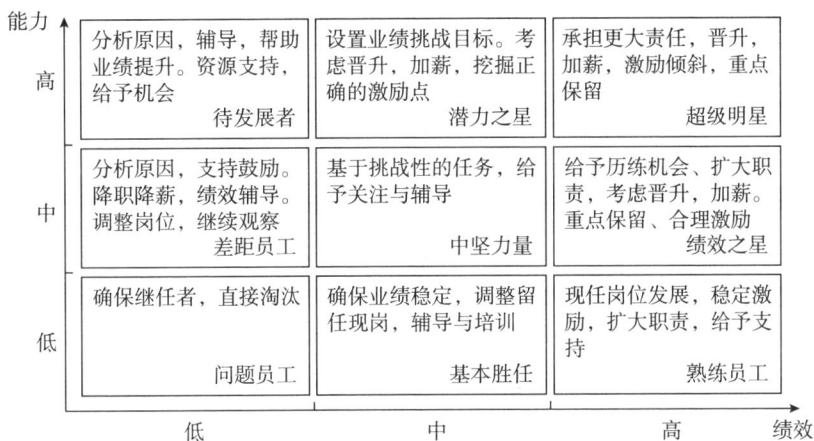

能力			
高	分析原因，辅导，帮助业绩提升。资源支持，给予机会　待发展者	设置业绩挑战目标。考虑晋升，加薪，挖掘正确的激励点　潜力之星	承担更大责任，晋升，加薪，激励倾斜，重点保留　超级明星
中	分析原因，支持鼓励。降职降薪，绩效辅导。调整岗位，继续观察　差距员工	基于挑战性的任务，给予关注与辅导　中坚力量	给予历练机会、扩大职责，考虑晋升，加薪。重点保留、合理激励　绩效之星
低	确保继任者，直接淘汰　问题员工	确保业绩稳定，调整留任现岗，辅导与培训　基本胜任	现任岗位发展，稳定激励、扩大职责，给予支持　熟练员工
	低	中	高　绩效

图4-4　京东人才盘点九宫格

（二）善用人才盘点结果

　　根据既定的标准对不同水平阶段的人才分好类后，最后一个环节则是结果的应用。根据人才培养的结果，将组织内人才与公司内部管理相匹配，这才是人才盘点的意义和使命。那么，人才盘点的结果可以有哪些应用？

1. 促进人岗匹配

　　人才盘点结束后，将测评得到的员工能力画像与岗位对人才的需求画像作比较，便得到人岗匹配度。人岗匹配是实现人力资源的有效配置和合理使用的重要前提。根据人岗匹配度，管理者可以直观地发现员工在哪些素质、知识、技能上有所欠缺，在哪些项目上做到了与岗位的适配。由此，可以有针对性地弥补员工的不足，也可以根据员工与岗位的特点去内部调岗，从而提高企业的人岗匹配度。人岗匹配度模型如图4-5所示。

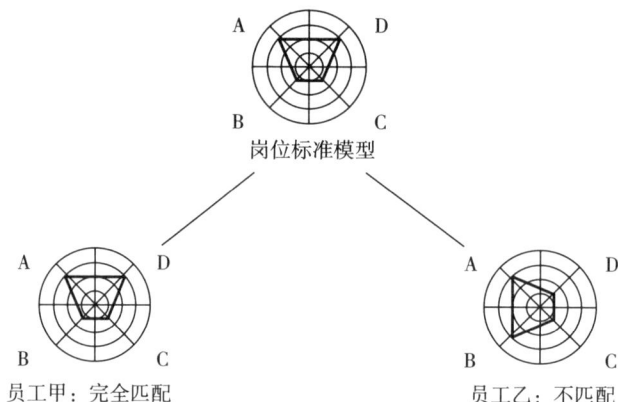

图 4-5　人岗匹配度模型

2. 制订员工培养计划

人才盘点的目的是挑选出好的苗子，然后进行针对性、个性化的培养，根据岗位的要求，赋予他们更有挑战性的工作。有关机构调查结果显示，高潜力员工是企业未来的领导者，可贡献的价值是非高潜力员工的两倍。因此，从人才发展的角度来看，高潜力人才是企业重点关注的对象，需要有针对性地制订人才发展计划，并且制定系统的人才培养方案，帮助其快速提升能力，满足企业发展对人才的需求。当通过人才盘点确定了高潜力人才后，就应将其纳入人才储备计划中。十年树木、百年树人，人需要通过培养才能成才。

3. 淘汰不合格员工

人才盘点在识别出优秀员工的同时，也识别出了组织中的不合格员工，有助于为组织建立一个健康的员工退出机制，去除平庸与懒惰，这对组织做好人员的新陈代谢至关重要。

不合格员工身上可能存在的低效、懒惰风气会在组织中蔓延，最后影响整个企业的风气。在资源有限的前提下，企业拿不出资源奖励先进员工，结果就难以留住和吸引合适的人才，只留下了不合格的员工，于是逐步陷入劣币驱逐良币的不良循环。

淘汰不合格员工有助于组织剔除低效人员，提高组织整体运作效率；有助于抚平优秀员工的心理，使他们明白自身的努力与优秀表现是有回报的，且是被组织看到的，从而激励留下的员工。员工离职后腾出来的新位置也会给其他员工提供机会，可以增加组织的创造性和灵活性。

人才盘点的结果可以在诸多方面加以应用。腾讯的人才盘点以发展为导向，对人才盘点的应用主要从选、用、育、留四个方面开展，盘点后的人才由腾讯学院配备完善的培养计划。京东的人才盘点主要落实在个人培养、高潜力培养上。识别出的高潜力人才会参与到公司精心设计的培养计划中，使其能力按照公司的战略发展方向和发展意愿迅速成长。

花旗银行的动态人才盘点

花旗银行的人才盘点九宫格地图是动态的，提供了盘点不同人才分布的视角，具有了更丰富的内涵与价值（见图4-6）。花旗银行认为员工是动态发展的，当岗位变化时，绩效和潜能也处于变化之中。

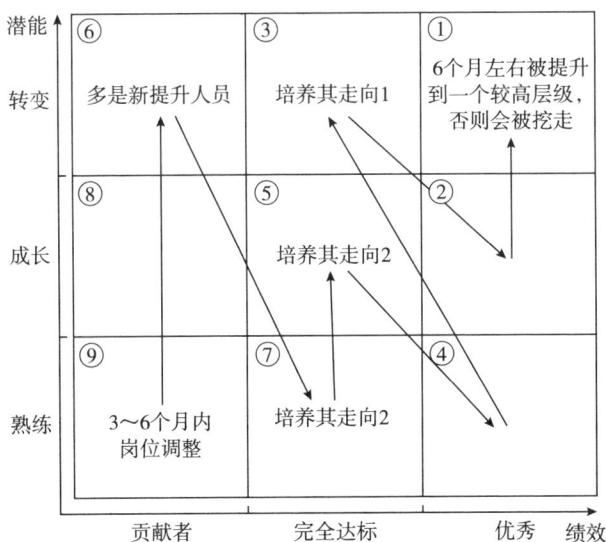

图 4-6　花旗银行人才盘点结果应用

员工在每个岗位角色上有三个阶段（适应—提升—转变），绩效也有三个评估标准（贡献者—完全达标—优秀）。因此，每年盘点后会将员工置于不同的格子中。员工满足一个阶段的目标后，就会设置下一阶段的挑战。花旗银行将人才盘点九宫格内化并创新应用，将职业发展路径作为重要策略设计到人才策略中，直观地与业务变化、人才供给变化结合，实现了人才对业务的有力支撑。

任正非说，人才不是华为的核心竞争力，对人才进行管理的能力才是企业的核心竞争力。人才盘点无疑是企业开展人才管理的重要纽带，它为人才发展乃至人才供应链建设提供了支撑。

四、如何发展人才——721 人才培养法则

构建人才供应链的关键是做好人才发展。摩根、罗伯特和麦克三人在《构筑生涯发展规划》中正式提出了人才培养的 721 法则，具体是指在员工个体能力的发展过程中，70%的效果源于工作实践，包括挑战性工作、轮岗等方式；20%的效果源于他人的助力，表现在培养方式上可以是教练或导师的方式；10%的效果源于培训。

（1）70%的效果源于工作实践。根据诺尔斯的自我指导理论，成人的学习具有现实性和任务性，他们知道自己为什么要学习，且更多受内部动机的驱使参与学习，而且可以根据现实的需要设置学习目标，把握学习的节奏，以解决现实中的问题。

因此，在人才培养工作中，企业应该依托工作实践，坚持做中学、学中做。在实际工作中，通过科学设计、精心安排富有挑战性的工作任务、设计行动学习项目、专项工作授权、有序轮岗等举措，持续激发员工的学习动力和进取意识，使其潜在素质尽快转化为显性能力。

（2）20%的效果源于他人的助力。在他人的帮助下，新人会得到更快更好的成长。一位新员工在执行任务时，就像是在走迷宫。即便有方法论的指导，

依然很容易陷入隐藏的陷阱和死胡同中，从而走了弯路，迷茫无助，影响工作产出。这时候需要一位经验丰富的师傅带着新员工走出迷宫。放在工作中，可能原本需要自己摸索一个星期才能完成的任务，在师傅的指导下一天就能完成。

任正非曾说，企业最大的浪费就是经验的浪费。企业可以建立人员传帮带办法，对传帮带工作进行规范，并形成长效机制。通过岗位带教，把绩优人员的经验萃取、沉淀，形成经验的传承，最终成为组织的财富。

（3）10%的效果源于培训。既然培训的影响程度占比只有10%，是说明培训不重要吗？不是的。相反，培训是一个不容忽略的人才培养渠道。这是因为无论是实践学习还是他人助力，都是从岗位工作出发去做技术和能力的学习，而培训可以通过集中授课等方式，帮助学员从思维、理论、方法等层面做提升，是员工快速提升的重要途径。

随着知识和技术的更新速度加快，企业需要不断创新和引进新技术、新理念、新认知，而这些需要通过系统的、正规的学习获取，培训就是这样一种学习形式。通过培训，可以帮助员工掌握企业管理的理念和先进的管理方法，不断提高自身素质，从而提高企业的市场竞争力。

工作实践、他人助力、培训三大类培养方式从不同的途径上对人才的成长起到了作用。这三类培养方式在企业中的应用也可以通过多种方式展开。

（一）在工作实践中不断成长

在工作实践中学习的两种主要方式包括设置有挑战性的工作以及建立轮岗机制。有挑战性的工作如专项任务、攻坚克难的工作挑战能激发员工的潜力，使其在磨炼中不断成长；轮岗可以帮助员工对整体业务有充分全面的了解，锻炼员工在不同岗位上需要具备的能力，使其在决策时有更面向全局的视野。

1. 设置有挑战性的工作

员工迈入新工作以后遵循一个成长曲线。由于新鲜的工作内容和工作关系会激发员工的学习动力，所以一个员工开始时的学习积极性很高，并且会快速成长。随着工作的深入，员工对工作需要掌握的知识、技能都有了一定的准备度，能够做好本岗位工作，成长速度逐渐放缓。这时如果工作内容持续不变，员工很快就会陷入工作倦怠期，积极性大幅下降。久而久之，无聊枯燥的工作会继续消磨员工的工作热情，使其反而不如过去的工作表现。这就是职业高原现象，即陷入一种发展停滞甚至倒退的情形。但如果这时赋予员工有挑战性的工作，会让其对工作持续保持好奇心，继而也会去持续学习与进步。

挑战性的工作激发了员工的潜力，使员工产生自豪感、成就感，增强了自信心，提高了工作积极性，同时也能促使员工不断学习知识、提高技能，增强综合素质。这对员工来说是一种锻炼与成长的机会，对组织来说也是一种持续且低成本的培养方式。

哈尔曼和奥尔德姆建立的工作特征模型揭示了一个有挑战性工作的样子（见图4-7）。该模型识别出了可能影响工作动机的若干心理状态和影响心理状态的工作特征。在工作特征模型中，工作本身是完整的而非碎片式的，当工作需要员工展示多样化的技能，员工就能体验到强烈的工作意义。如果在工作中给予了员工较多的自主性，那么他也能从中体会到更多的工作责任。此外，工作中的及时、有效反馈，可以帮助员工感知自己的工作成效。体验到工作的意义、体会到工作的责任、对工作结果有清晰的感知，这些心理状态会对个人的行为动机以及行为结果产生重要的影响，如带来高内在动机；高内在动机会带来高质量工作表现；高质量工作表现意味着令人满意的工作结果；在员工行为表现上，往往也伴随着高出勤率和低离职率。

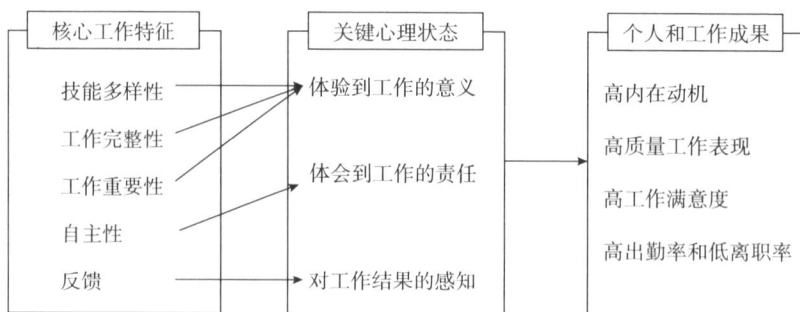

图4-7　工作特征模型

企业可以从工作特征模型中提到的五个维度出发，做出核心工作特征的改善。

（1）合并任务。将过细分割的任务组合起来，形成一项新的、内容更广泛的工作，这将使技能多样性和任务同一性得到提高。对于员工而言，可以看见一项工作任务的全貌，而不只是作为流水线上的"螺丝钉"在工作。

（2）形成自然的工作单位。尽可能将任务设计成一种完整的、统一的、有意义的工作，可以增强员工对工作的归属感。

（3）建立起客户联系。客户是员工所做出的产品或服务的使用者。如果有可能，管理者应当建立起员工与客户之间的直接联系。客户可以是外部客户，也可以是流程中的下游客户。这可以增加员工的技能多样性、自主性和绩效反馈。

（4）纵向扩展职务。纵向扩展职务可使员工产生责任感，并掌握以往保留在管理者手中的控制权。它将使一项职务的"作业"与"控制"的分离得以部分地结合，从而增大员工的自主性。

（5）开通反馈渠道。通过反馈，员工不仅能了解他们所从事的工作，还能知道他们的绩效。

挑战性工作对一般员工可以起到一定的激励作用，防止人员懈怠。对于追求高成就感、高权力、高自我要求的员工，更有激励与发展的作用。

2. 建立轮岗机制

工作轮岗是另外一种从工作实践出发，可以有效培养员工的方式，尤其是干部培养的方式。

轮岗可以培养专业中的通才。过去，员工拥有一项专长，做深做强就可以，但是在乌卡（VUCA）时代，拥有一项专长已经不足以应对工作中的困难与挑战，还必须有其他专长。企业对人才的需求，从 I 型（在某一领域精通）人才越来越转向 T 型（在垂直领域精通，在横向上也有广博的知识）、Ⅱ 型人才（在多个领域精通，在横向上也有广博的知识）。通过轮岗，可以促使员工在专业领域里不断跨界学习、成长，成为专业中的通才，在各种场景下都能展现出卓越的工作能力。

轮岗可以避免员工产生职业疲顿。如前所述，员工在岗一段时间后如果缺乏工作上的挑战，容易陷入发展倦怠。而在轮岗过程中，新岗位会给员工带来工作的新意以及新的工作挑战，给了其更多施展才能和学习的机会，避免了职业倦怠。

轮岗可以为员工提供更广阔的职业发展空间。对于职业发展的探索贯穿个人的职业生涯中，新的工作机会为员工开拓了新的视野，使其能够跳出本岗位的局限，去熟悉其他岗位的工作特点，从而有利于其去寻找、确定自己的职业生涯规划。只有学会从各个岗位的视角去看待问题，打破固化的思维模式，才能够站在更高的视角上去分析、去思考，从而承担更重要的岗位角色。

轮岗可以在公司内部形成竞争机制。因为轮岗，不同人在岗位上的工作成效会有对比，这样的对比结果是整个公司可见的。在能者上、庸者下的机制驱使下，员工主动去寻求能力提升和态度的转变，从而提高了工作效率。

应许在以往的咨询实践中发现，不少企业反映轮岗在实操落地时有一定的难度。充分的准备是做任何工作的前提。应许认为，轮岗前要做好认知及机制上的相关准备工作。

首先要明确给谁轮岗。对于后备干部、现任干部、高风险岗位可以强制轮岗。对后备干部来说，轮岗可以加速干部角色转变与干部向上履职能力的提升。对现任干部，尤其是对于长时间未变动岗位的干部来说，轮岗可以防止任期过长带来的流程僵化与创新停滞、本位主义滋生等问题。对于审计岗、投资岗等高风险岗位，定期轮岗可以强化风险控制。对于其他在同一类岗位上连续任职较久但未被提拔的员工，也可以给他们提供轮岗的机会。员工根据需要自愿申请，经接收部门、所在部门、人力资源管理部门同意即可有序轮岗。

其次明确用哪些方式轮岗。部门内轮岗是难度最低、成本最低的方式。在同一部门的不同业务条线、不同职能模块之间轮岗，适合基层后备人员。跨部门轮岗是一种激励性较高的方式，尤其是对于业务多元化的企业，有助于多专业融合思维的培养，适合中高层干部。比跨部门轮岗跨度更大的是跨体系的轮岗，如研产销就是不同的体系。跨体系的轮岗能够提高价值链间的协同配合，加强公司内部横向交流与沟通。例如，华为认为研发要懂客户需求，所以去销售轮岗；销售要懂产品性能，所以要去生产体系和开发体系轮岗；职能要懂业务痛点，所以要去业务体系轮岗；专家要懂一线问题，所以要去一线轮岗……由于跨体系轮岗成本较高，主要适用于中高层的轮岗。还有一类轮岗是跨地域的轮岗，对于跨地域经营尤其是国际化经营的公司来说，轮岗是推动不同地区业务均衡发展的有效手段。

再次要做好轮岗会面临阻力的准备。人才的争夺战不只发生在外部人才市场，也发生在企业内部，尤其在高知识密集型公司。轮岗时的阻力一般来自两个方面：一是原用人部门不愿放人；二是员工对轮岗缺乏足够的重视或不愿参加轮岗。第一类问题甚为常见，对于部门来说，花了几年的时间培养出一位成熟员工，如果该员工轮岗到其他岗位，意味着又要重新培养。但这不是阻碍开展轮岗的理由，企业可以通过轮岗机制的设计来改善这一问题。为了推动员工轮岗，腾讯内部曾经出台了一个活水计划。但过了半年，成果甚微。研究后发现，轮岗"需要上级同意"是个障碍，后来改为"只要对方接受，不需要上级经理同意"，结果员工才真如活水般地流动起来。腾讯微信团队引进人才的60%来源于内部"活水"，加速了微信的敏捷创新和高速成长。对于第二类阻碍，员工已经在原有的岗位上得心应手，去其他岗位还要重新适岗、学习，难免会对轮岗产生抵触情绪。改善这一问题最有效的方式就是全面考虑轮岗配套的制度，包括薪酬、绩效、奖金、晋升等，此外也要注意对员工思想的动员，让员工端正态度，树立正确意识，珍惜轮岗机会。但是也要关注员工的意愿，如果员工本人不愿意，不可过分强制。

最后是确保轮岗不影响业务。轮岗是否影响业务是领导者最担心的问题。由于轮岗后，员工需要一段时间去适应新岗位，其间很可能会出现业绩下滑的情况。因此，需要采取一些措施来控制业绩下滑的风险。一是在轮岗时，轮岗对象要做好工作的交接。岗位职责、流程、关键技能、利益关系人等，最好以工作交接手册的形式与接替者做书面的交接，且承担一定周期内的辅助责任。二是在一定周期内，轮岗对象的比例要控制在合理范围内，避免一次轮岗人员过多，先选择最需要轮岗的、最能产出价值的人员去轮岗。

所以说，轮岗机制的建立对于人才培养和发展是有必要性和合理性的，尤其对于干部人才的培养。俗话说，"树挪死，人挪活"，人才用对了地方才是宝贵的资源，用错了地方就是资源的浪费。

（二）岗位带教，让学习训战结合

顾名思义，岗位带教是在实际的工作场所或近似的场所开展的一种培训方式。就如学习游泳一样，教练无法坐在教室里教学员游泳。其实游泳教练教学员的过程就是带教的过程，具备了带教的各个要素：一个经验丰富的游泳教练（有经验的员工）在游泳池内（实际的工作场所）按照游泳课程方案（有学习计划）教会学员蛙泳（训练特定的工作能力）。由于学习是在实际业务场景中完成的，所以能够节约双方的时间成本，节省组织的培训成本。

人们常说"领导的秘书提拔快"，为什么这么说呢？其一，有资源；其二，秘书会承担部分简单工作，在这个过程中，领导会无意或有心地给予秘书方法指导。工作来源于领导的直接要求，可以在过程中观摩领导的为人处世，有时领导还会亲自指导，汇报的工作也会得到及时反馈。因此，相较于其他人，秘书自然有较快的成长速度。

1. 哪些岗位需要带教

有很多岗位适合采用岗位带教的方式。例如，岗位容易遭遇棘手问题，需要岗位人员立即采取措施解决，那么这些处理问题的经验就可以由带教导师传授给学员；有些岗位问题出现频率较高，一般短期的培训难以应对诸多问题，需要带教导师在岗位上及时给予指导；有些岗位工作难度大，岗位导师带教能够使工作任务、工作信息更加具体化，员工能通过实践观摩等方式，掌握工作的技巧。还有一些岗位一旦发生工作失误，将会带来严重后果，对于这种岗位采取带教制，可以让带教导师做好把关，减少犯错误的可能。一般的操作类岗位、销售类岗位、技术类岗位都适用这种方式。

有些群体可以通过岗位带教快速成长。第一类是公司新人，如刚入职的大学生要完成从学生到社会人的身份转变，这时如果有一位有经验的导师来引领，在关键时刻指点迷津，可以帮助其迅速适应新的岗位与身份。另外就是社会招聘的新人。尽管从社会招聘的员工有丰富的工作经验，但是由于步入新的工作环境中，依然需要从企业文化、工作流程上快速融入，所以他们也是带教的受众群体。第二类是公司看好的、未来打算重点提拔的人群。对于这类人群来说，一般会分配更高层级的管理者作为其导师，从管理视角、业务视角等多个方面实施带教，以帮助他们被提拔之后能快速上手工作。因此，综合来看，只要涉及岗位或工作内容重大变化的，都可以向有经验的老员工取经学习。

2. 谁来教

带教导师教的不仅是工作技能，还包括工作思维、职业发展。因此，带教导师应该有业务导师、成长导师、成才导师。

业务导师负责将行业、企业、专业的通用知识及技能传导、灌输给新员工，帮助其熟悉与掌握业务，指导工作开展。因此，业务导师一般都是由业务资深、经验丰富的老员工担任，如员工的直接领导、隔级领导等。成长导师负责在员工的成长道路上对其加以引导，灌输公司管理的各种观点、方法，提升员工工作的大局观，激发员工的内在潜能。成才导师关注员工的职业发展，对员工进行整体性的职业引导，推动其取得职业发展的进步，可由高层管理者担任。

业务导师、成长导师、成才导师可以由同一人担任，也可以由不同人员担任，担负轮岗者能力提升与业绩稳定的职责。

3. 带教导师不愿教怎么办

带教导师不愿意教通常有两个原因：一是没有时间与动力，不能教；二是有教会徒弟饿死师傅的心态，不愿教。

对于前者，可以从机制上予以保障。岗位带教本身就是从工作出发，利用工作时间去教学，那么就要充分利用好工作机会，不要设定与工作本身无关的目标，如生产型企业，"师傅带徒弟"的带教内容就以操作技能为主，可以在日常工作中开展。

对于后者，思想上的事情还要从认知入手。对自己知识的保护以及对他人的防备是人性使然，况且，导师本来就没有必然的义务去教会徒弟。因此，如果想要破除这种思想，首先，需要在公司层面营造传帮带的良好氛围，鼓励大家相互学习，树立"利他思维"，调动每个人"好为人师"的特点。其次，企业也可以为"导师"的身份多发一份"工资"，在激励方面做设计，让大家觉得做导师不是一件只有付出而没有回报的事情。像一些生产型岗位的带教会给"师傅津贴"等物质奖励,"金牌师傅"等精神奖励。在教师节等节点,也可以给带教导师送上鲜花或礼物,赋予其"老师"身份的仪式感。最后,可以将带教任务纳入导师的绩效中,使带教成为导师工作要求的一部分,如华为和阿里巴巴的干部如果没有培养出两个以上合格的继任者,是不能提拔晋升的。这样一来,就能够将带教任务与导师自身利益绑定,促使导师去认真带教。

4. 岗位带教怎么带

要做好岗位带教,需要选好人、做好沟通、用好工具。选好人指的是带教人,也即导师。岗位带教的导师需要具备一定行业、企业、专业的通用知识及技能,并将它们灌输给新员工。因此,导师通常是业务资深、经验丰富的老员工,以备青年员工从导师身上学习和请教问题。带教过程中最重要的一个环节是沟通反馈,带教是一个过程而不是时点性工作。做好沟通就是指在带教过程中,导师要将随时指导与定期沟通贯穿整个带教过程。目的是在沟通的过程中,与员工共同解决问题,实现员工的成长与提高。用好工具是指需要有一套工具作为导师带教的依据,包括教什么、教到什么程度、需要实现什么样的绩效。如果是有条件的企业,可以有针对性地编制一套带教手册,类似于教案,给带教工作作指导。也可以使用岗位模板、岗位任职资格等工具,前者是一套告诉员工该做什么、怎么做的工具书,后者是员工胜任岗位的知识、技能指南。

岗位带教不只是帮助岗位员工快速学习和提升的方式,也是将经验从个人层面内化到组织层面的一种经验的提炼和传承。

(三)培训是组织与员工快速提升的法宝

培训是针对当下的问题,点对点出具解决方案。培训有两个重要的作用:一是提供解决问题的技能;二是扩展认知、知识、技能的边界。员工可以通过培训学习新的知识与技能,具备接受更具挑战性的工作与任务的能力,然后谋求晋升的机会。经过培训的员工,对自己未来的发展也会有更高的期望。

员工的潜能经过培训与发展,可以成为企业竞争力的来源。各企业招聘的手段很多,每家企业也都在学习,那么最终造成企业与企业之间人力资源水平不一致的原因是什么呢？是后续对员工潜能的发掘。员工个体知识、技能的提升，最终沉淀为企业整体能力的提升以及人员素质的全面提高。

美国培训与发展年会统计结果显示，投资培训的企业，其利润的提升比其他企业的平均值高 37%，人均产值比平均值高 57%，股票市值的提升比平均值高 20%。培训由于覆盖面广、易实施、见效快且显著，所以成为很多企业青睐的人才培养方式。

百年一贯的人才观——雀巢将培训根植于文化

培训是雀巢集团（以下简称雀巢）持之以恒的重要文化之一。雀巢前任 CEO 之一的赫尔穆特·茂赫曾反复提及公司管理的首要原则，即"必须以人和产品为导向"，重视人才方可留住人。因为肯定培训的价值，雀巢每年花费大量精力和成本去做培训，"如果没有培训，你付出的成本会更多"。

培训也在雀巢承担着重要的使命，包括传播公司文化、教授产品知识、培养管理与领导能力、提升岗位能力乃至维护内部平等。在整体文化与氛围的引导下，培训更是从上到下在推动执行。高层领导也被要求去做项目中的导师或学员，每个层级的人都要起到传播作用，如分享自己的培训体验，给正在上课或即将上课的学员提些建议等。

在共同的工作和培训经历中，员工与公司之间形成了深厚的情谊，由此带来的人才忠诚度的价值不可估量。

1. 虚实结合，培训要有形与无形并重

把培训二字拆开理解，"培"本意是指给植物或墙堤等的根基垒土。《礼记·中庸》提到"故栽者培之"，后引申为扶助、培养之意。所以，"培"的重点在于人才的长期培养与持续供给，通过无形理念的灌输、素质的提升，带来长期价值。"训"是教导、训诫的意思。《说文解字》介绍"训，说教也。说教者，说释而教之，必顺其理"。训重点关注人才有哪些需要去改善、去提升的实际问题，用有形的知识、技能、方法工具，通过短期训练加以解决。

培训既要注重短期技能的训练，又要注重长期行为的培养。既要避免培训

流于理念，也要避免培训过于"现实"，以至于只将目光放在解决当下问题上，而忽略了长期能力的提升。因此，培训时要为学员量身打造一些合适的实践任务，利用任务来运用与检验"虚"的理论与方法，实现由虚到实，虚实结合的效果。

在培训实践中，不同企业对"培""训"的侧重点不同。往往小型企业更侧重"训"，大型企业更侧重"培"。由于小型企业缺少资源用于对人才的更长期投资，所以从绩效出发，青睐于侧重技能培养的培训，重视对员工技能的培养与训练，且强调培训与业务需求的一致性，期待培训能够在短期内快速带来绩效回报。大型企业则更侧重"培"，立足于企业战略，从长期人才规划出发去培养和发展人才，有着更成系统的培训体系贯穿员工的职业生涯。培训覆盖知识、技能、素质等有形内容以及企业文化、价值观等无形内容。因此，很多大型企业会自己建立人才发展中心、企业大学，目的就是从更高的视角上去培养人才。

2. 落实培训，要找到培训的责任人

培训应该是学员及其直线经理共同负责的事情。很多人认为虽然培训内容、聘请导师、培训组织都是人力资源部门的事情，但业务部门对培训效果却并不买账。培训是为业务服务的，人力资源部只是统筹和组织的部门，不能承担培训的全部工作，更不能承担培训责任。包括人力资源部在内的其他部门主要起到支持和配合的作用。例如，在建筑工程行业，项目部是员工业务培训的第一责任人，70%的培训内容是由项目部层面确定的，公司负责提供培训资源；20%的培训内容由业务系统负责，如制定制度规范之后的宣贯培训、新系统或创新技术的推广培训等；10%的培训内容由人力资源部负责，如企业文化、素质素养、战略宣贯等。

人力资源管理的第一责任人是直线经理，培训管理亦然。对于管理者来说，培训要关注的核心内容：一是业务；二是人。其中，对人的管理包括人的招聘、激励、考核以及发展。由于直线经理对员工的成长环境、成长状态、个人不足最为熟悉，所以在员工的成长过程中，直线经理应及时地对其进行培育、帮助，给予其发展的机会，帮助其快速成长。

TCL "翱翔计划" ——人才发展计划

TCL 科技集团股份有限公司（以下简称 TCL）是一家拥有几十年历史的企业，对人才发展的关注一直被置于战略高度。公司的战略要求和转型，使 TCL 需要符合公司战略需求的人才储备。由于公司发展对复合型、专业型人才的需求，尤其是战略技能、商业洞察、领导力方面的缺失，需要采取更加多元化的培养方式和手段。因此，一项名为"翱翔计划"的人才发展计划，加速了项目参与者专业能力的提高和领导力人才培养机制的建立。

在前期人员甄选阶段，对中层人员进行人才盘点，精准聚焦未来制造、研发、销售、综合四类总经理，从业绩、潜力两个维度建立九宫格，对盘点出的高潜力人员通过"C-Level See"人才评鉴与发展中心，即通过公司高管观察和评估方潜力人员在多个测评中心活动中的表现，发现其能力强项和短板，并共同讨论其未来发展方向，给出发展建议。

在此过程中，针对参与者提供多种培养方式，包括：团队发展计划（Group Development Plan），每两个月开展 1 次为期 3~4 天的培训课程；个人发展计划（Individual Development Plan），针对需要提升的能力主题，设计为期 6 个月的学习提升计划，还有其他诸如影子学习，亲身参与高管日常工作，通过标杆学习的方式检查自己；轮岗训练，根据项目参与者未来岗位发展目标，有针对性地补充技能和知识经验。

此外，教练会每个月对项目参与者进行一次辅导，根据一段时间内对项目参与者的观察，反馈其心态、行为、能力上的改变。

一个周期的培养结束后，对所有项目参与者进行 360 度评估。评估的结果也将伴有淘汰，重要目的是保证人才库的合理流动和有效。

"翱翔计划"帮助 TCL 建立了有效的人才评价与发展体系。经过这样的一轮培养，项目参与者的心态、眼界、能力都有大幅提升，从而获得职务上的提升，也有越来越多的高管认可并参与到人才发展过程中，将其作为高管的重要工作之一。

721 人才培养法则通过有效开发人才潜力、激发人才活力为企业发展人才梯队、打造人才供应链提供了支持。

五、如何持续供应人才——人才梯队建设

人才发展的目标是形成企业的人才梯队。当现有人才正在发挥作用时，应及早地培养该批人才的接班人，以便这批人才变动后能够及时补充上去，而这批接班人的接班人也在进行培养和锻炼，这样就形成了水平不同的人才，仿佛站在梯子上高低错落，这被称为人才梯队。人才梯队建设可以为企业建立内部人才供应机制，形成人力资源的"活源泉"，满足公司发展的需求。

（一）内部人才库是梯队人才的孵化营

梯队人才应纳入企业内部人才库中进行管理。内部人才库区分于外部人才库，是为满足企业未来战略及组织发展，对现有内部人力资源进行盘点、评价之后，进行的人才梯队建设和人才储备，是企业的战略储备库。内部人才库帮助企业及早有效地储备优质人才，当有人员需求时，可以快速做出响应，实现人才良性内生。

内部人才库管理是企业人才梯队建设的关键环节。根据人才所处层级的不同，内部人才库通常划分为三个级别：基层人才库、中层人才库、高层人才库（见图 4-8）。

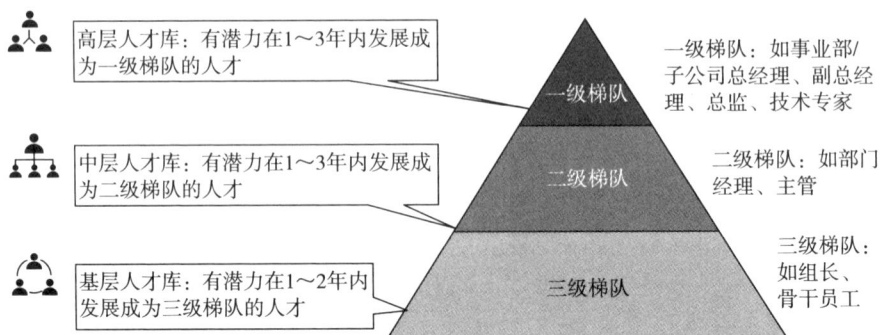

高层人才库：有潜力在1～3年内发展成为一级梯队的人才

中层人才库：有潜力在1～3年内发展成为二级梯队的人才

基层人才库：有潜力在1～2年内发展成为三级梯队的人才

一级梯队：如事业部/子公司总经理、副总经理、总监、技术专家

二级梯队：如部门经理、主管

三级梯队：如组长、骨干员工

图 4-8 梯队人才纳入不同人才库管理

（1）基层人才库面向基层管理者或基层骨干。被纳入基层人才库的人员，意味着在1~2年有潜力发展成为三级梯队的人才，如组长、骨干员工。

（2）中层人才库面向中级管理层或中级专业人员。被纳入中层人才库的人员，意味着在1~3年有潜力发展成为二级梯队人才，如部门经理、主管、高级工程师等。

（3）高层人才库面向高级管理层或高级专业人才。被纳入高层人才库的人员，意味着在1~3年有潜力发展成为一级梯队人才，如事业部/子公司总经理、副总经理、总监、技术专家等。

内部人才库的建立可以帮助企业人才梯队不断补充新生力量，提报有潜力、有能力的人才，从而保障企业源源不断的人才供给，适应企业不断发展的人才需求，支撑组织战略的实现。

如何确定各级人才库的人才储备？

由企业管理实践可知，岗位人才库储备数量＝（岗位人力资源规划的编制数量-现有的人数×预期离职率）×安全缓冲系数。通常人才库的级别越高，设置的安全缓冲系数越大。高层人才由于岗位价值高、获取成本高且获取周期长，所以设置的安全缓冲系数为3，并且会至少提前1年着手寻找合适的备选人。中层人才的储备会相对较低，设置的安全缓冲系数为2。基层人才由于获取相对容易，周期也较短，所以能够保证安全缓冲系数为1即可（见表4-2）。此外，也要注意定期对各级人才库的储备情况进行回顾。

表4-2　梯队人才库储备管理

人才层级	安全缓冲系数	安全提前期	回顾频次
高层人才库	≤3	正式招聘前一年	每季度
中层人才库	≤2	正式招聘前三个月	每半年度
基层人才库	1	无	每年度

注：岗位人才库储备数量＝（岗位人力资源规划的编制数量-现有的人数×预期离职率）×安全缓冲系数。

由于不同级别人才库中人才特点的不同，所以对人才库的培养方式也有差异。

基层库人才由于步入职场的时间不久，处于职业生涯的早期阶段，培养的重点可以是基本功的训练。通过通用技能和模块化技能的培养，帮助人才快速进入角色，掌握工作规范与技能。

中层库人才已经处于职业生涯较为成熟的阶段，面临着职业身份转换带来的更高要求与期待。该阶段的有些人要开始承担管理职责，从原来的管理自己到目前的管理他人，对个人能力的要求有着质的转变。因此，对于中层库人才要开展系统的知识管理体系的培养，同时关注人才的成长。

高层库人才面临的挑战将不再是知识与技能，而是顶层思维与能力的突破。第一梯队人员需要管理好自己、管理好团队、管理好业务，因此，对于高层库人才的培养要注重创新与经营管理思维提升、领导力培养、决策与风险控制等方面。

（二）人才梯队建设警惕"备而不用"

人才的培养要"量力而行"，在人力资源需求的基础上可以适当超前，但不可过度培养。培养好的人才一定要在合适的岗位上用起来，过度培养却"备而不用"一方面会损害人才梯队建设工作的价值，另一方面对人才也是一种负向激励，容易造成人才流失。

有不少企业家表示担心：人才培养好了就走，这该怎么办？若要留住人才，"用才"才是关键。"用才"主要体现在以下两个方面：

（1）给予人才与能力匹配的岗位。第一，不能浪费才能，企业给予人才与能力匹配的岗位，利于双方。第二，每个人都渴望工作的成就感，大部分员工选择离职是因为个人职业发展与公司要求有冲突。与一般员工相比，人才对职业发展的需求更多。

（2）给予人才与价值匹配的报酬。只要核心人才获得的利益与其成长速度匹配，那么员工很难下定决心出走。企业给员工提供发展的机会、员工参与工作和学习，两者的目的都是功利性的。所以，如果员工为企业带来了更高的价值，那么企业就不应该因为对其进行过培养而吝惜报酬。

（三）人才梯队建设要敢于对培养对象放手

在可控范围内，尽量让培养对象多去历练与尝试。员工在经过了一番培养与学习之后，掌握了新的知识与技能，通常充满了对新工作的热情，充满了对承担更高工作责任的期待，这时候他们的积极性是最高的。在这种高积极性的驱使之下，也更容易发挥出强大的创造力。

最好的历练方式就是实践，没有在实践中的洗礼，再高大的树木也难以成材。勇于对员工放手，也是在给予他们提升自主管理能力的机会。不过多干涉下属的工作，对于管理者来说也是一种历练。相较于自己去把一件事情做好，更难的是教导别人去把这件事情做好。后者要求管理者事前规定工作的目标、划定工作的范畴，并在事件的关键节点参与进来，掌控进度，对人和事都有着更强的管控能力。

敢于对培养对象放手不意味着撒手不管，而是给予员工有限责任内的自由度，并在实践中作为教练给予员工指导、纠偏。为员工提出富有洞察力的问题，帮助他们找到需要的解决方案。在观察的过程中，将观察到的不利行为反馈给员工，在关键时刻提出警示。这种引导式的指导、帮助，对员工来说是最有效的成长方式。

（四）动态调整、循环往复，形成持续的人才供应

"问渠那得清如许，为有源头活水来。"企业需要定期的人才评估机制，保障人才的健康流动。评估人才是否达到了培养的期望目标，是否符合企业、岗位的要求。

每次人才评估都是对内部人才库进行再调整的机会（见图4-9）。评估后，根据梯队人才的不同发展阶段，开展有针对性的发展计划。对于已经具备晋升条件的员工，为其提供答辩晋升的机会，并将前阶段的培养档案封存，待其进入下一阶段培养周期时再行考察。对于具备晋升潜力，但是公司暂时无法提供合适的空缺岗位的人员，一方面要做好人员的安抚，避免后备人员离职；另一

方面要持续关注机会，待有空缺岗位时，立即对其任命。对于没有达到培养目标，尚需进一步培养且有培养潜质的，安排进入下一个培养周期继续培养。而对于表现较差，不符合人才梯队要求的人，需要当机立断，淘汰出梯队名单，并挖掘其他新人进入人才库名单。

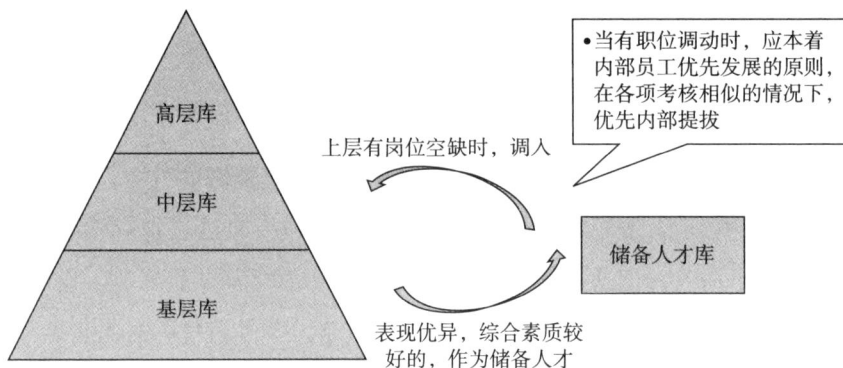

图 4-9　根据评估情况，对人才库动态调整

当培养后评估合格的员工晋升到新的岗位之后，便又开始了新一轮人才培养的循环。依据新的岗位标准，对晋升员工提出新的人才任用标准，基于此标准定期或不定期开展人才盘点，以对员工的能力、工作表现、胜任情况做评估。在此过程中，对有潜力进入下一发展阶段的员工进行筛选，纳入人才库，开展针对性培养，周期性的培养结束之后再开展新一轮次的评估，判断是否达到晋升资格，如此循环往复，最终形成源源不断的人才供应。

碧桂园的人才内循环

成熟的人才梯队管理机制是企业建设人才内循环的基础。碧桂园集团（以下简称碧桂园）作为房地产企业对关键梯队建设形成了系统的培养方案，以至于很多人因为这套成熟的人才梯队体系选择了碧桂园（见图4-10）。内部人才根据所处阶段的不同，纳入不同级别的人才库中进行培养，如针对管培生的超级"碧业生计划"、针对业务经理人才的"新羽计划"、针对区域总裁的

"涅槃计划"等。达到评估条件之后，则通过内部晋升管理机制，进入下一阶段的职业发展中。这样的一套人才内生机制也为碧桂园带来了巨大的回报。2018 年，碧桂园外招高管占比仅为 7%。从"碧业生"中晋升为总监、总裁级的有 506 人，发展为经理级别的有 719 人，实现了内部人才的持续供给。

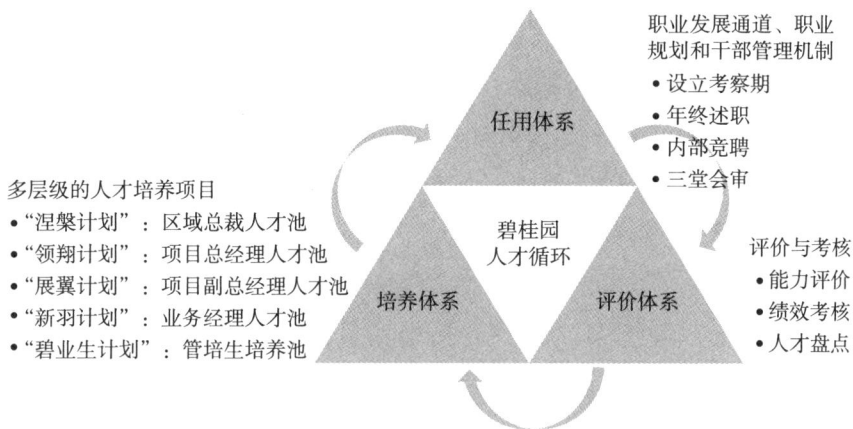

图 4-10　碧桂园的人才通道

人才梯队建设为企业持续供应关键人才。通过建立人才标准、人才盘点、人才发展、人才评估机制，培养出一支循环提升的人才梯队，为企业源源不断地供应后备人才。

六、本章小结

本章围绕打造人才供应链，详细阐述了人才标准、人才招选、人才盘点、人才发展四个核心环节。第一部分介绍了建立人才标准的有效工具——人才画像；第二部分介绍了 6S 招聘渠道、STAR 面试法、CREW 支持法，为招聘到合适人才提供一套方法论；第三部分介绍了人才管理的驱动器人才盘点，盘活人才、盘活组织；第四部分介绍了人才发展的 721 法则，以及 721 法则下企业的人才管理实践；第五部分介绍了实现人才供应链的关键是人才梯队建设，未雨绸缪地做好人才储备对企业而言至关重要。

人才供应链已经越来越成为影响企业经营的重要因素。人招不好、培养不好、后备储备不好都为企业发展带来掣肘。系统地打造人才供应链，不仅是快速实现人才补给的方式，也是降低企业用人成本、用人风险，实现人才均衡发展的重要方法。

5

打造岗位模板
促进组织知识新陈代谢

　　阿里巴巴 CEO 张勇曾说过这样一句话："未来一切商业竞争，最终都将是组织的竞争。"在 VUCA 时代，商业变化来得太快，过去的知识和经验不一定能适应未来的环境变化。即便一个组织原本已经足够优秀，但是如果止步不前，用不了多久也会僵化、过时。组织要做企业的变革中心，在面对经营环境的变化时，维持企业的战略定力和发展韧性。2001 年，任正非在《华为的冬天》中写道："我们一定要推动以自我批判为中心的组织改造和优化运动。自我批判不是为批判而批判，也不是为全面否定而批判，而是为优化和建设而批判。"后来任正非自述说，正是因为这样，华为才活到今天。

　　在这些成功的企业经验与发展观中，质量互变规律是一致的。量变和质变是事物发展过程中两种不同的状态。事物的发展总是从量变开始，当有充足的量变基础之后演化为质变。量变是质变的必要准备，质变是量变的必然结果，质变又为新的量变开辟了道路，使事物在新质的基础上开始新的量变。例如，人类智力的进化也是人类在不断积累知识、内化知识的漫长过程中实现的。在事物质变与量变的交互过程中，不断伴随着旧事物的灭亡和新事物的产生。事物的发展就是如此循环往复、不断前进的。

　　掌握质量互变规律对企业有重要意义。事物的量变规律告诉我们，组织发展过程中也有知识、经验等量的积累，它们是组织发展的前提。组织要不断积累新的知识、经验，扬弃旧的知识、经验，不能因为过去取得了成绩就因循守旧、停步不前。同时事物的质变规律告诉我们，企业也不能不顾量的积累，冒险蛮干、急于求成地干。当组织的知识、经验积累达到一定阈值之后，组织的成长必然会发生。只有打好基础、积蓄力量、创造条件，才能带来企业的稳定发展。同人一样，组织知识也是组织智力进化的基础。当组织有了足够的知识、经验积累并将之内化之后，组织的发展进化也必将实现。

一、知识、经验的新陈代谢是组织成长的基础

组织知识、经验包括组织内部自身发展生成的知识，以及从外部获取的对组织发展有用的知识。组织知识、经验的新陈代谢包括两个方面：一是旧知识的剥离；二是新知识的吸纳。发展观告诉我们，无论是自然界、人类社会还是人的思维，都是在不断地运动、变化和发展的。发展的实质就是事物不断前进、上升，就是新事物不断代替旧事物。对于组织知识、经验也要持发展的观点看待。

组织知识、经验的新陈代谢是组织成长的前提。联合国教科文组织统计结果显示：人类近三十年来所积累的科学知识，占有史以来科学知识总量的90%。进入互联网时代后，信息、知识更新迭代速度越来越快，知识体系也在不断发展、迭代。时代在进步，组织的知识体系、经验总结也需要不断迭代更新。知识、经验如果不迭代更新，也是会过保质期的。如果组织仍旧按照旧的知识、经验框架运行，轻则"消化不良"，重则"食物中毒"。组织的"推陈"与"出新"同样重要。

组织知识、经验是组织的稀缺资源。任何企业的组织知识都是独一无二的，它在组织成长发展的过程中，通过实践逐步形成。我们会发现，任何成功的经验都很难被复制，其他公司的成功经验、管理办法很难在自己的组织中直接转化。每家公司的组织知识、经验的形成，都会花费大量的"试错成本"，它们本身就是一种资源投入之后的价值产出。为了最大可能地提高产出价值，企业应重视对知识、经验资源的利用。

组织知识、经验需要被提炼。组织本身是不会制造知识的，组织的学习成长依赖于成员的个人学习。没有组织成员的个人学习，组织学习就不会发生。只有个人层面的学习成果向更高维的组织层面传播，并内化为组织层面的知识、经验，才能形成组织层面的能力。所以说，知识、经验提炼是必要的。在没有提炼组织知识、经验的时候，它们还仅仅停留在个人知识的层面。随着人员的岗位调动，知识、经验随之外流，新岗位员工到位后，又要重新培训，花

费长时间适应岗位，周而复始之下，要支出巨大的管理成本。因此，企业要重视将员工个人知识组织化，留住员工的智慧，将个人能力转化为组织能力，这是组织优化的基础。

二、岗位模板促进了知识、经验的新陈代谢

为了促进组织知识的新陈代谢，应许设计了一套从岗位出发，作为知识、经验积累的工具——岗位模板。岗位模板将岗位经验总结、提炼，并随时间的推移不断更新，隐性的组织知识、经验以可视化的形式被留存了下来，其凝聚的是岗位上的最优实践，为岗位人员提供了工作的标准。

岗位模板是组织的知识、经验库。组织最大的浪费就是重复犯错，对岗位上的经验进行梳理，可以形成标准的操作流程与操作方法，成为组织的知识库。缺少经验的员工及新员工可在组织知识库中自主学习，获取组织经验、快速进入角色、掌握处理任务的方法，同时也释放了"带教人"的时间。因为大部分问题，员工可以在组织知识库中搜索解决办法。

岗位模板推动了组织知识的新陈代谢。一方面，岗位模板凝聚的是最优工作实践，而最优工作实践是随着时间的推移不断发展、迭代的。另一方面，岗位模板可以将90%的例行性工作固定下来，形成固化的、规范性的工作流程与操作标准。这样一来，组织的时间、精力、脑力就可以放在10%的高质量工作上，有助于组织吸纳新的知识、经验。

曾有一家公司这样评价自己："我们是一群从青纱帐里出来的土八路，还习惯于埋个地雷端个炮楼的工作方法……重复劳动重叠的管理还十分多，这就是效率不高的根源。"这家公司就是华为。任正非后来提出了"职业化、规范化、表格化、模板化"的岗位要求，并于之后在公司内部推行岗位模板，使华为在高速发展时期，做到了组织知识、经验的快速积累、复制。

岗位模板是一套关于如何工作的指南。每个岗位都有对应的一套标准岗位模板，它说明了三个问题：岗位工作做什么？工作怎么做？遇到特殊事件怎么办？因此，可以说岗位模板是一套针对岗位人员的行动教科书。

（一）岗位工作做什么——角色模型与任务清单

岗位角色梳理是岗位模板编制工作的起点。与大家熟知的岗位说明书不同的是，岗位模板首先定义了岗位人员在组织中扮演的角色，然后依据角色梳理工作事项。岗位角色体现了对岗位的核心期望和能力要求，是指导岗位工作细化设计的基础。岗位角色的定义可以是多样的。明茨伯格在对企业进行研究之后提出，管理者扮演的角色可以是多样的，如人际关系角色（代言者、领导者、联络员）、信息类角色（监听员、传播者、发言人）、决策者角色（创业者、混乱驾驭者、资源分配者、谈判者）。也有企业会从管理事项上做区分，如业务驾驭者、内部管理者等。华为是较早使用岗位模板的企业。以华为某业务管理者岗位为例，从信息、顾客、产品、业绩、团队、项目、核心价值观七个维度定义了岗位的定位、要求，清晰展示了岗位的核心任务，也为后续开展模板细化设计提供了基础，如图5-1所示。

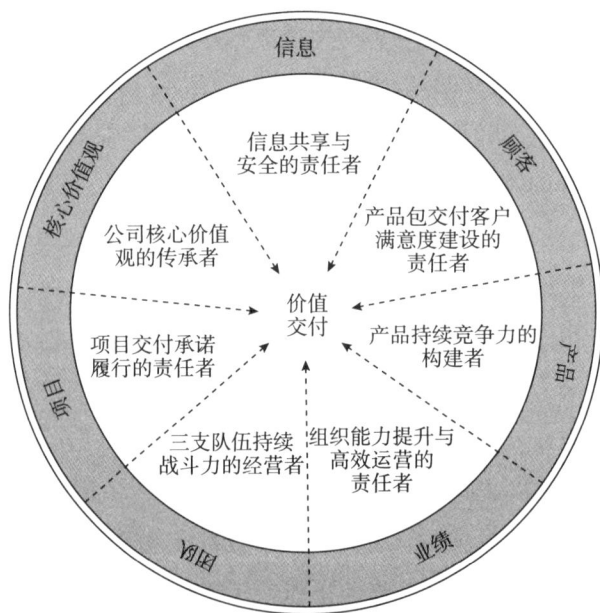

图5-1　华为某业务管理岗角色模型

　　岗位角色梳理的关键是了解各方对岗位的期待，并形成统一的认知。需要充分获取组织内部上级、下级、同级、本岗人员对岗位的定位、对工作的期待，并在多次沟通、讨论中实现各方认知上的统一。这有助于岗位人员了解工作的意义，树立正确的工作态度。研究证明，这也是员工工作积极性的关键驱动因素。为了达成各方意见的统一，可以采用360度访谈、研讨会等形式听取各方意见。

　　任务清单源于岗位角色。不同的角色涉及的工作任务不同。例如，业务驾驭者角色会有新业务拓展、客户关系维护等工作事项，内部管理者角色则是组织绩效提升、人员管理等工作事项。

　　任务清单应与岗位角色完好适配。在梳理岗位工作任务清单时要注意，要确保所有列出来的工作都能纳入对应的角色中，否则说明角色设置过少，对于不能被囊括的工作应再增加角色。此外，要确保所有角色至少有三项工作任务，否则说明角色设置过多，需要再做精简。只有当岗位工作任务刚好能够体现所有岗位角色时才是适配的。以下列出任务与角色适配的三种情况，如图5-2所示。

图5-2　任务与角色适配的三种情况

（二）工作怎么做——任务处理模板与典型案例库

　　任务处理模板说明了每一项工作任务应该怎么处理。该模板细致梳理了完成一项工作的具体步骤、每个步骤的工作要求，以及完成这项工作的操作要点或小技巧。制作任务处理模板的目的是让员工在即使只有一个新人的情况下，也能根据模板按图索骥跟着做。任务处理模板提炼了最新的岗位知识和最优的工作实践，这些知识、经验可以来自企业优秀员工，也可以来自同行业企业实践，目的是给岗位人员提供最优的工作方法。任务处理模板是岗位模板中最能体现"组织知识库"作用的部分。梳理任务处理模板时，可以从工作名称、工作内容、工作要点、工作技巧逐级细化设计。

营销模板是一种更适合前台岗位的任务处理模板。后台岗位的任务处理模板是从工作任务出发去梳理的，如招聘岗、财务岗，这类岗位的工作任务较为稳定。有些前台岗位的工作任务变化较多，是要以流程为导向去梳理的，如销售岗、营销岗。因此，前台岗位的任务处理模板可以以营销模板的形式呈现。营销模板中的工作要点不是告诉岗位人员应该做什么，而是告诉他们在不同工作流程、不同工作场景下的思路、技巧、套路，核心目标是达成营销目的。梳理营销模板可以从确定目标、精准营销、达成合作、业务挖掘四个大的流程考虑。

优秀、特色的成功经历或工作方法可以被总结为典型案例。案例既可以来源于内部的过往经验，也可以是外部案例。总结典型案例的目的是，当岗位人员再遇到类似问题时，能够借鉴成功做法，快速对事件做出反应，提高工作效率与工作准确性。典型案例需要日积月累，久而久之就会形成公司的典型案例宝库。

（三）遇到特殊事件怎么办——特殊事件处理模板

特殊事件处理模板是针对岗位中对绩效影响显著的关键任务或关键经验。特殊事件处理模板与任务处理模板逻辑相似，都是为处理某项工作任务提供方法指引。不同的是，特殊事件处理模板会更加聚焦在岗位高价值、非常规事件上，也可以根据事件的特点灵活呈现。应许在咨询实践中也进行过多种创新尝试。例如，过去为一家投资公司做岗位模板，为了帮助研究团队快速成长、学习，特意为其编制了一套研究模型学习模板，帮助他们如何去学习一个行业研究模型。又如，应许在为某公司生产运营部总监做岗位模板时发现，该岗位是公司的沟通中心，然而在现实中存在沟通内容、沟通时点混乱的情况，于是对该岗位日常工作进行梳理，编制了一份信息沟通模板。只要是岗位必要的、有价值的事件，均可编制特殊事件处理模板且能灵活调整。

H 公司人力资源总监岗位模板

　　近些年，H 集团加快了全球化扩张的步伐，与业务迅猛发展相对应的是内部管理经验的流失。老员工出走后岗位经验无人继承、岗位员工永远在重复学习的路上、集团的管理经验无法移植到新的事业部等一系列问题给 H 公司带来了高昂的管理成本。H 公司亟须一套成熟的工具方法将组织知识、经验沉淀。在此背景下，应许为 H 公司引入了岗位模板工具，并花费一年的时间为所有高管层定制了一份岗位模板。图 5-3、表 5-1 至表 5-4 为人力资源总监岗位模板节选。

岗位工作做什么——5P 角色模型与工作任务清单

图 5-3　岗位角色模型

表 5-1　工作任务清单（节选：组织框架建造者角色）

岗位角色	序号	工作任务清单
组织框架建造者	1	负责组织架构调整工作，提出机构设置设计方案
	2	负责定岗定编工作，确定整体定岗、定编方案
	3	组织绩效目标研讨会议，明确集团及子公司绩效目标
	4	跟进集团及子公司绩效执行情况，组织季度、年度绩效分析会

工作怎么做——任务处理模板与优秀案例

表 5-2　组织架构调整任务处理模板

工作细项描述——负责组织架构调整工作，提出机构设置设计方案

工作板块	序号	工作名称	工作内容	工作要点	合作部门	审核节点		
						时间	涉及文档	审核人
准备	1	搜集信息	根据公司发展状况和实际情况，确定是否需要进行组织架构调整	需要调整的情况 （1）集团战略发生改变 （2）随着集团发展，集团规模、管理方式发生改变 （3）通过定期检视，发现组织架构不能继续保障部门的顺利运行或整个组织的管理畅通 （4）上市公司法律要求	各部门	每年	—	—
方案确定	2	制定调整方案	1. 指导搜集组织内部关于组织架构调整的意见及外部标杆做法 2. 组织制定调整方案 3. 明确调整的风险和应对措施	方案制定的注意要点 （1）董事会关于组织架构设计的想法和意见 （2）深入调研影响部门顺利运行的核心原因，了解是否存在部门职责定位不清晰、职责交叉重复等情况 （3）基于组织诊断，提出组织架构优化的方向和内容 （4）可适当考虑以项目组、虚拟团队、平台化等新模式来优化组织架构调整的巨大风波	高管团队、董事会	确定调整组织架构后	《组织架构调整方案》	人力资源总监

续表

工作细项描述——负责组织架构调整工作，提出机构设置设计方案

工作板块	序号	工作名称	工作内容	工作要点	合作部门	审核节点		
						时间	涉及文档	审核人
方案确定	3	方案汇报确定	1. 审核组织架构调整方案，向相关人员征集意见，根据情况对方案予以修改 2. 汇报组织架构调整方案并确定	审核方案的关注点 （1）战略导向：组织架构要能够支撑战略落地 （2）精简高效：以层级简洁、管理高效为目标 （3）负荷适当：部门功能划分适度，避免部门负荷过重或功能过于集中 （4）责任均衡：部门权力与限制平衡	高管团队、董事会	确定调整组织架构后	《组织架构调整方案》	董事会
实施管理	4	组织制定部门职责	根据组织架构调整方案，组织制定部门职责	制定部门职责的关注要点 （1）优化界定各个部门的职责、权限及关系 （2）部门职责能够分解到各岗位 （3）即时补充、完善流程和制度规范	各部门	组织架构确定后	《部门职责说明书》	人力资源总监
	5	部门工作交接	按照新的组织架构，督促各部门领导进行工作交接	提供相应支持 （1）对组织架构调整后岗位职责变动较大的人员，关注其工作适应及胜任情况，根据实际需要组织相关人员提供相应的培训和辅导 （2）设定组织架构试运行期限，在期限内根据实际运转情况调整		确定部门职责后	—	—

表 5-3　组织架构调整案例（节选）

优秀案例——组织架构调整	
案例序号	案例内容：组织架构要支持业务需要
1	公司每年开展一次常规组织诊断会。在 2020 年组织诊断会上，很多员工反映公司管理层级过多，层层汇报审批，导致公司当年失去了很多的业务机会。人力资源总监此领导人力资源部门开始对组织的层次结构、职能结构开展详细的诊断研究。经深入研究后发现，该问题本质不在于管理层级过多，而是当年公司业务方向发生了较大调整，业务调整之后，组织职能结构未随之做好适配 于是根据新的业务需要，对二级组织架构、部门职责、审批权限又重新做了梳理和调整

遇到特殊事件怎么办——特殊事件处理模板

表 5-4　特殊事件处理模板（节选）

板块	关键动作	主要内容
集团管理	平衡各子公司发展	根据各成员子公司地位的不同，对不同子公司采取不同的要求。对品牌价值高、市场份额大的子公司，要求战略上与集团保持一致；对增长型子公司，选择使用复合品牌；对于暂无品牌价值的子公司，以集团品牌完全替代

在岗位模板完成后，岗位人员进一步厘清了自身工作，也在岗位模板的影响下，对原有的工作方式进行了优化、调整。在项目开展过程中，集团总裁与高管之间也形成了对岗位的一致认同，有利于高管团队引领企业走向成功。

岗位模板的核心是将岗位工作标准化的工作逻辑。岗位是组织中的最小单元，岗位工作的标准化有利于组织知识、经验的积累，有利于组织整体工作效率的提升，有利于组织知识的新陈代谢。

三、岗位模板落地与生效

岗位模板完成后可以在多方面进行应用。首先它是一份岗位培训手册，可以用来培训新员工或新转岗员工，使员工能够快速上手工作。其次它是一个岗位知识、经验库，员工在工作时遇到问题、困惑，都可以优先在岗位模板上寻找答案。最后它还是一个塑形辅导的工具。管理者或者教练可以以岗位模板中的任务为抓手，帮助岗位人员查漏补缺，发现存在的问题，并帮助其掌握岗位工作所需要的技能与工作技巧，通过岗位模板对岗位人员塑形辅导，有助于岗位人员更好地适应岗位。

岗位模板完成后，落地生效是重点。岗位模板的顺利落地需要三个要素：意识准备，知识、技能准备，有效的执行。第一，员工在意识上认可岗位模板是前提。由于工作惯性的存在，员工都希望能够在固有的工作模式下开展工作，况且人都是不愿被规矩约束的，所以岗位模板在落地初期会遭受员工的消极对待。岗位模板落地之前，要在公司内部做彻底的宣贯，让员工能够理解、认识到这套模板的好处。第二，员工在知识、技能上的准备是关键。以岗位模板为依据评估员工，与岗位要求相比，尚有哪些知识、技能不具备，然后有针对性地开展培训。第三，员工有效的执行是保障。员工在愿意做、会做了之后，企业要有一套机制保障其能够持续地做。那么就可以针对岗位模板的执行预先制定演练方案，如知识测验、情景模拟等，甚至可以将执行情况纳入员工的考核、评估之中。岗位模板的落地生效需要一定时间，其效果也不会立竿见影，因此，做好该做的一切工作，让子弹飞一会儿，结果自然会呈现。

岗位模板要持续优化。岗位知识、经验在不断地新陈代谢，岗位模板也要根据新的知识、经验持续优化。再根据新的岗位模板执行、检查、评估，使工作不断向前推进。

四、本章小结

本章主要讲述了促进组织知识新陈代谢的核心工具——岗位模板。岗位模板从岗位工作做什么、工作怎么做、特殊事件怎么处理三个方面，为岗位人员提供了一份工作行为指南。岗位模板凝聚了岗位上的最优实践，随着新知识、经验的累积，岗位模板也应不断优化、迭代。

在竞争日益激烈的当下，组织优化（包括组织知识优化）是一门必修课。组织的持续优化对企业管理者来说是艰难的，因为这意味着要不断地打破组织惯性，推动组织观念、行为方式的改变。纵然如此，企业也要义无反顾地做好这项工作。只有适应才能生存。抱残守缺、一成不变的组织终将陷入困局。

第三篇
淋巴循环让组织具有免疫力

中医理论认为"邪之所凑，其气必虚""正气存内，邪不可干"。人体免疫力低下时，外邪极易入侵，即受病原体的感染，引发各种疾病，如癌症。正常人的体内都有一套完整的癌免疫系统，并依靠这个系统识别出肿瘤细胞后对其进行排斥和破坏，避免癌症发生，维持人体健康。反之，免疫系统若存在缺陷则易发生恶性肿瘤。而癌症病人由于病痛的折磨，体力下降、食欲不振、白细胞数值远低于正常值，癌免疫力继续保持低下水平，处于虚弱的状态。经历反复的放化疗之后，病人的正常细胞被杀灭、骨髓造血功能被抑制，导致免疫力极度低下，机体抵抗力不堪一击。因此，免疫力是抗癌的关键。

对于企业而言，浪费、腐败、滥权是企业的癌症。它来源于企业免疫力的缺陷，即自我监管审查的缺陷。当然，正如人体，企业也存在淋巴循环为企业提供更多免疫力。企业的淋巴循环由风险管理和监察审计共同构成。风险管理帮助企业识别出面临的各项风险，通过各种管理手段防御这些风险的侵害，是企业抵御"病菌"的屏障。监察审计则帮助企业自我净化，清除企业内部不具有操守的人员和一系列不端的行为，是清除企业"毒素"的"清道夫"。企业淋巴循环通过风险管理与监察审计的共同作用，保障企业有序、健康地运行。

6

第六章

风险管理是
抵御病菌的屏障

我们如今正处于前所未有的 VUCA 时代，风险无处不在，抗风险的能力就显得格外重要。例如，2020 年初暴发的新冠肺炎疫情，本质上是一起概率低，但潜在影响大的"黑天鹅"事件。国内外各行各业都因疫情经历着前所未有的困难和挑战。事实上，企业在经营过程中面对着更广范围的"黑天鹅"。除了疫情灾害，还有政策变动、新商业模式冲击等外部因素驱动的事件，以及核心员工流失、财务断链等内部驱动事件。明末文学家陈子龙曾说："清歌于漏舟之中，痛饮于焚屋之下，而不知覆溺之将及也，可哀也哉！"生活在 VUCA 时代，每个人、每一家企业都需要了解风险的本质，并学会如何应对风险。

矛盾即对立统一。对立统一是宇宙的根本规律。矛盾是由两个对立面组成的矛盾统一体，在这个统一体中，矛盾的任何一方都不能离开另一方而单独存在。它们既互相联系、互相渗透，又互相排斥、互相斗争，从而推动事物的运动和变化。风险也是一种矛盾。损失与收益构成了风险的两个方面。两者之间的对立统一关系贯穿风险的始终。

矛盾具有普遍性。事事有矛盾。因此，企业的风险也固然存在，不能视而不见。矛盾具有特殊性。具体事物的矛盾及每一个矛盾的各个方面都有其特点。因此，企业要对风险的不同方面特征加以辨别。例如，事物的矛盾分为主要矛盾和次要矛盾。主次矛盾又具有矛盾的主要方面和次要方面。企业只有辨别出主要风险和主要风险的主要方面，才能在风险管理活动中游刃有余。

风险是指任何可能影响目标实现的事项，是损失或收益的不确定性。说到风险，很多人首先想到的就是损失。大部分人害怕风险，害怕的就是这种损失的可能性。但是，我们还要看到另外一种情况，与损失可能性同在的是收益的可能性。风险不仅可以带来超出预期的损失，也可能带来超出预期的收益。例如，几百年前欧洲王室投入大量金钱，派出冒险家们探索新世界，却因为途中的风暴、病毒等各种危险没能实现目标，甚至因此造成了大额物质与人力的损失。但也存在如哥伦布一样的人物，乘风破浪，克服了种种困难，最终发现了新大陆，为王室乃至整个欧洲带来了更多的财富。所以说，风险代表着任何可能影响目标实现的事项。这些事项包括带来威胁的恶性事件、尚不能确定影响的事件以及可转化为机会的事件。

风险有四大极其显著的特征，分别是不确定性、客观性、普遍性、可预测性。

第一，风险的不确定性是指风险的发生与否，或发生时间，或发生后的结果无法确定。有些风险其是否发生是偶然的，是一种随机现象，具有不确定性。例如，小舟在风浪中前行，是否会被风浪吞没是不能确定的。有些风险必然会发生，但何时发生却是不确定的。例如，死亡是必然发生的，这是人生的必然现象，但是具体到某一个人何时死亡，在其健康时却是不可能确定的。有些风险的发生后果是不确定的。例如，沿海地区每年都会遭受台风袭击，但每一次的后果不同，人们对未来年份发生的台风是否会造成财产损失，或人身伤亡以及损失程度也无法准确预测。

第二，风险的客观性是指风险不以人的意志为转移，是独立于人的意识之外的客观存在。例如，自然界的地震、台风、洪水，社会领域的战争、瘟疫、冲突、意外事故等，都是不以人的意志为转移的客观存在。因此，人们只能在一定的时间和空间内改变风险存在和发生的条件，降低风险发生的频率和损失程度，但风险是不可能彻底消除的。

第三，风险的普遍性是指风险在自然界是普遍存在的。自有人类开始，就面临着各种各样的风险，不管是生产力水平低下的原始社会，还是生产力水平提高后的当代社会。虽然科学技术的发展使人类社会走向文明，消除了一些风险，但又造就了新的风险。

第四，风险的可预测性是指通过对大量风险事故的研究可知，风险往往呈现明显的规律性。运用统计方法处理大量相互独立的偶发风险事故，可以比较准确地反映风险的规律性。根据以往大量资料，利用概率论和数理统计的方法可以测算风险事故发生的概率及其损失程度，并且还可以构造出损失分布的模型，成为风险估测的基础。

深入分析风险，风险是由风险因素、风险事件、风险损失构成的有机体。风险因素是指促使某一特定事项发生或增加其发生的可能性或扩大其损失程度的原因或条件。它是风险事件发生的潜在原因，是造成风险损失的内在或间接原因。风险事件是造成风险损失的偶发事件，是造成损失的直接的或外在的原因。风险损失则是指非故意的、非预期的、非计划的经济价值的减小。还是以小舟出海为例。海上的风浪是风险因素，风浪掀翻小舟是风险事件，小舟支离破碎是风险损失。风浪这一风险因素是风浪掀翻小舟这一风险事件的潜在原因，而风浪掀翻小舟是小舟支离破碎这一损失的直接原因。如果只有风浪，却没有掀翻小舟的事件发生，就不会存在小舟支离破碎的风险损失。又或者如果掀翻了小舟，小舟却完好无损，那也不存在任何损失。因此，风险因素、风险事件、风险损失共同构成了风险。

作为一种特别的矛盾关系，风险贯穿于企业的始终。风险的定义、特征以及构成风险的要件是风险这一矛盾的同一性。随着企业的发展，风险又会呈现不同的面貌，即矛盾的特殊性。要想处理好矛盾，就要认清和抓住主要矛盾以及矛盾的主要方面。因此，想要管理好风险就要抓住企业的主要风险和解决影响主要风险的原因。

面对风险，不同企业会有不同的态度，会在经营中做出不同的决策。对待风险的态度可以分为三种类型：风险规避、风险中性、风险偏好。事实上，卡曼尼等实验证明，人们并不是风险厌恶者，相反大多数人是风险偏好者。这也是估值调整协议（俗称对赌协议）深受许多企业和冒险家欢迎的原因。2015～2017 年，在上市公司并购重组交易中涉及的对赌协议超过 1700 个，其中 2017 年便有 628 个。内蒙古蒙牛乳业（集团）股份有限公司和雨润控股集团有限公司等对赌成功的先例，以及企业家对风险的偏好，使近年来对赌协议持续增加。然而，并不是所有的企业家都能从小概率事件中胜出。张兰对赌鼎辉投资集团有限公司（以下简称鼎辉）输掉俏江南股份有限公司、陈晓与摩根士丹利及鼎辉对赌输掉上海永乐家用电器有限公司。奥地利作家茨威格在《断头皇后》中写道："人们从命运得到的一切，冥冥之中都记下了它的价钱。"

因此，对于企业来说，只有风险管理能力与风险偏好匹配才能不摔大跟头。优秀企业家都是风险控制专家。2012 年，大连万达集团股份有限公司（以下简称万达）并购连年亏损的美国第二大院线 AMC 影视公司（以下简称 AMC）时，很多专家看到风险、隐患一大堆，为王健林操碎了心。但实际上，王健林胸有成竹，因为他明白 AMC 亏损的真正原因，且自己有解决的办法。后来，经过万达一年多的改造，AMC 扭亏为盈，并登陆纽交所，一时传为佳话。事实上，万达早已形成完备的风险管理机制。例如万达，制定出台的《项目财务负责人管控风险点及应对措施》从融资管理、资金管理、税务管理、团队管理等角度提出风险点并制定相应管控措施。总结万达近 30 年始终保持直线上升式的发展轨迹，王健林认为，公司基本没有摔过大跟头的根本原因，就在于风险控制做得非常到位。

玻璃大王曹德旺说："企业家的事业，是风险事业。他一年 360 天都在跟风险打交道，但如果你意识到你面对的是风险，高度的风险，你就应该知道用什么办法来规避它。"企业对风险持偏好态度本身并不是坏选择，但只有具备了管理好风险的知识与能力，才能让企业在一次次大冒险中全身而退。

一、风险管理第一大着力点：风险管理思路

风险管理其实并不是一个新概念。自古至今，在人类与风险共存的过程中，也萌发了应对各种意外事故、自然灾害的风险管理思想和原始形态的管理措施。例如，春秋战国时期的耕三余一制度规定每年的粮食存储 1/3，每三年就能存储一年的粮食，以备不时之需；又如古代的镖局，可以说是我国特有的一种货物运输保险的原始形式。此外，还有"曲突徙薪"的故事，反映了古人对于家庭火灾的防范思路。放眼海外，《汉谟拉比法典》是世界上第一部较为完整的成文法。为了援助商业，补偿商队的骡马和货物损失，《汉谟拉比法典》增加了共同分担补偿损失的条款。居安思危，思则有备，有备无患。处于安全环境时要考虑到可能出现的危险，考虑到危险就会有所准备，事先有了准备就可以避免祸患。

区别于古代碎片式的风险管理智慧，经过人类长期的经验汲取和对风险更

为全面的认知，现代企业的风险管理进入了系统化管理的新阶段。

（一）系统化的组织体系

企业风险管理组织体系主要包括规范公司法人治理结构、风险管理部门、审计部门，以及其他职能部门、业务单位的组织领导机构及其职责。它是企业战略落实，以及风险管理计划制订、落实与执行的有力保障。

法人治理结构无论对于企业的风险管理还是对于企业发展都非常重要。一个好的法人治理结构可以减少决策的失误，防止减少股东资产损失，减少代理人所引发的各种成本。符合企业系统化风险管理的法人治理结构包括董事会、审计委员会、风险管理委员会、经营层。

董事会应在重大决策和重大风险管理等方面做出独立于经营层的判断和选择。董事会中的独立董事可以凭借更加丰富的经历和宽广的视角，提高识别风险和评估风险的能力，其作为独立董事的独立性，能够减少内部人控制的风险。审计委员会向董事会负责，并负责指导监督内部审计部门。审计委员会的成员通常由熟悉审计、财务、会计等专业知识，并且有相应业务能力的董事组成。风险管理委员会的主要职责是为董事会提供风险分析报告与决策支持。经营层总经理由董事会选择聘任，向董事会负责。总经理或其委托的高管负责全面风险管理的日常工作。具备这样的法人治理结构对于企业风险管理是至关重要的，它是企业实行有效风险管理的组织保障。

风险管理部门是专门为企业风险管理活动而成立的机构，是职业的风险管理执行者，它对于企业高层风险管理决策的贯彻和实施具有决定性作用。风险管理部对总经理或其委托的风险管理委员会负责，对包括项目开发、工程建设、融资、生产运营、供应链、营销，以及财务、人力资源、研发等在内的各业务及职能运营流程中的各个环节进行监控，检查他们遵纪守法、实施公司规章制度的情况，并针对检查结果，向总经理和风险管理委员会汇报。

许多企业设立内控部作为风险控制部门，主要职能是以财务报告、流程管理与合规性为目标的内部控制管理。关于以企业战略与绩效为目标的风险管理，则依赖于有关职能部门。企业要实施全面风险管理，就必须改变这一做法，设立风险管理部，原内控部履行的内部控制职能也一并归入风险管理部。

风险管理并不仅仅是风险管理部的事情，具体而言，风险管理的执行工作都需要落实到各业务和职能部门，如投资部门应控制投资风险，财务部门应控制财务风险，人力资源部门应控制组织机构、人才管理与人工效能管理风险等。因此，其他管理部门也是本专业风险的管理者和汇报者。

（二）系统化的管控体系

风险管理的"三道防线"是如今企业进行全面风险管理体系建设时的普遍思路。"三道防线"中的第一道防线是指企业的业务部门等前端部门；第二道防线是指企业风险管理职能机构；第三道防线是指企业的内部审计职能机构。这三道防线共同组成了企业风险管理的防线系统。

（1）业务部门在日常工作中面对各类风险，是风险防范的最前线。企业必须把风险管理手段融入业务部门的工作流程中，满足"三流合一"的要求，即将工作流、审批流、风险流统一于工作流程中，构筑好防范风险的第一道防线。

（2）风险管理部门是建立在业务单位之上的一个更高层次的风险管理防线。风险管理部门系风险管理的统筹规划与集中统一管理部门。相对于业务或其他职能部门而言，这个部门属于"裁判员"，更能克服狭隘的部门利益，能够从企业利益角度考察业务项目或经营活动风险。

（3）内部审计部门是一个独立、客观的审查和咨询业务单位，监控企业内部和其他企业关心的问题，其目的在于改善企业经营和增加企业价值。内部审计具有财务监督、经营诊断、咨询顾问三大功能。

应许认为，全面风险管理是企业内所有部门的共同命题。做好全面风险管理需要企业遵循共同防范风险的思路，从风险的源头出发，采取覆盖风险事前、事中、事后全部环节的管理措施。以第二道防线为主要防线，第一、第三道防线为补充防线，使风险管理发挥出最大的效用。

（三）系统化的运行机制

企业在全面风险管理过程中应建立系统性的风险管理运行机制。它是全面风险管理体系的活力体现，包括以下九个方面：决策机制、执行机制、制约机制、沟通机制、监控机制、应急机制、反馈机制、改进机制、奖惩机制。

（1）决策机制主要是明确风险管理各职能机构拥有哪些决策权，以及如何行使决策权，是决策权力在风险管理委员会、审计委员会、风险管理部门、业务部门等的分配与制衡，是风险管理工作的中枢系统，一般可分为战略决策、重大事项决策、日常管理决策等。

（2）执行机制主要是明确风险管理各职能机构拥有哪些执行权以及如何行使执行权。它确定的是执行权力的合理配置问题，要做到执行到位，不缺位、不重叠、不扯皮，且注重时效，包括横向上在以风险管理部牵头执行事项中，对其他风险控制部门协调权的确定。

（3）制约机制主要是明确如何保证风险管理体系各机构或人员拥有的决策、执行等权力不致滥用，必须从制度上对其进行有效制约，以防止不正当决策、不适当执行所带来的危害。

（4）沟通机制主要是明确如何解决风险管理信息的传递问题。风险管理是一个动态连续的过程，它需要各个部门的共同参与，应做到信息共享、及时沟通，以达到整体的联动、协同效应。

（5）监控机制主要是明确如何对风险管理系统进行有效监控，谁来监控，以何种手段、何种方式进行监控等。一般应由董事会下设的审计委员会与内部审计部门进行风险管理的监控工作，可定期进行风险管理审计工作，以独立的审计部门对风险管理工作进行评价，并提出改进建议。

（6）应急机制主要是明确当重大风险将要出现时，如何进行预警，以及当重大风险发生时，如何进行风险处理等问题。企业应事先评估重大风险事项，并事先制定应急预案，以便对重大风险做出快速反应和处理，把损失降至最低。

（7）反馈机制主要是明确如何对风险管理的过程和结果提供信息反馈，使决策者能够及时了解决策的实施情况，从而形成风险管理的闭环体系。只有不断地进行信息反馈，风险管理系统才能不断完善。

（8）改进机制主要是明确如何提高风险管理工作的效率和效果问题。例如，建立定期培训制度、定期进行风险管理工作研讨会、对风险管理先进单位进行学习考察等，以不断地提高风险管理水平。

（9）奖惩机制主要是明确如何将风险管理的各种考核指标或风险事项，纳入企业组织绩效管理考评办法和员工奖惩管理办法中，依据风险事件的危害性或损失，给予团队或个人考核或奖惩。

（四）系统化的制度体系

企业应建立系统化的风险管理制度体系。它是企业为规范风险管理行为等所制定的一系列管理政策与程序的总称，是组织体系、管控体系、运行机制的行为规范。企业需要通过建章立制的方式，保障企业风险管理体系的有效运行，通常包括以下内容：

（1）建立风险管理基本制度。企业应制定全面风险管理工作细则，作为全面风险管理的根本制度，是所有人员的最高行为准则。细则的主要内容包括风险管理工作目标、工作原则、组织机构、权利义务、工作程序、奖惩、附则等，作为制定其他风险管理制度的依据。

（2）建立风险管理具体制度。企业应根据风险管理过程，结合自身实际，制定包括但不限于风险评估制度、风险策略制度、风险监控制度、风险报告制度、风险应急制度、风险管理监督与改进制度等。

（3）建立内部控制制度。企业应对管理流程、业务运作流程进行分析，并结合内部控制的要求，制定包括但不限于内控管理基本制度，内控管理实施指引、授权与流程管理制度，关联交易制度，信息披露制度等。

（4）建立其他管理制度。除上述风险管理、内部控制制度外，企业制定的其他管理制度，如职工行为准则、员工奖惩制度、劳动合同管理制度、监察管理制度等，是风险管理制度的有益补充，在风险管理过程中也发挥着重要的作用。

（五）系统化的管理文化

企业应建立系统性的、具有风险意识的企业文化，以促进企业风险管理水平提高，推进员工风险管理素质提升，保障企业风险管理目标实现。建立系统性的风险管理文化意味着企业一方面在理念层面要充分利用各种宣传媒体和形式，提升全员风险意识和责任意识，树立风险无处不在、无时不在，岗位风险管理责任重大等意识和理念；另一方面在制度层面要将风险管理的意识和手段融入日常的管理流程，使风险管理的实施得到全体员工支持和认同，促进企业建立系统、规范、高效的风险管理机制。建立系统性的风险管理文化也意味着企业应高度重视风险管理文化的培育。企业的一号位和高管团队应在培育风险管理文化中起表率带头作用；重要管理岗位及业务流程和风险控制点的管理人员以及业务操作人员应当成为风险管理的骨干，以点带面，承担起向员工诠释企业风险文化的义务，并带领员工付诸行动，纠正员工的行为偏差。企业应大力加强员工素质教育，加强对风险管理理念、知识、流程、管控核心内容的培训，培养风险管理专业人才。

华为：风险管理体系建设

华为一直高度重视风险管理体系建设。华为实施有效风险管理措施后预计每年能为集团减少至少 40 亿元的损失。

组织体系：华为建立了完善的治理架构，包括董事会、董事会下属专业委员会、职能部门以及各级管理团队等，各机构均有清晰的授权与明确的问责机制。在组织架构方面，华为对各组织明确了其权力和职责的分离，以相互监控与制衡。公司首席财务官（Chief Financial Officer，CFO）负责全公司内控管理，业务部门向公司 CFO 汇报内控缺陷和改进情况，协助 CFO 建设内控环境。风险管理部是公司首席执行官（Chief Executive Officer，CEO）、CFO 的强力助手，可以与各领域高管直接对话，部门主要职责包括：构建公司风险管理体系和框架，每年组织识别公司风险地图，统筹、协调管控重大风险，保障公司战略目标和经营目标的实现。

管控体系：华为风险管理建立了三道防线。第一道防线是各业务主管，他们是所负责业务领域风险管理的第一责任人；第二道防线是内控，负责建立自我检查机制；第三道防线是审计，向公司独立汇报并不定期检查。

运行机制：华为在战略规划和业务计划的制订流程中嵌入风险管理：通过战略规划，各领域系统化的识别、评估了各自风险；在年度业务计划中各领域均制定了风险应对方案，并以管理重点工作的方式实现日常运营中的风险监控和报告。在战略决策与规划中明确了重大风险要素、在业务计划与执行中积极地控制风险，为华为的持续经营提供了有效保障。

制度体系：华为基于组织架构和运作模式设计并实施了内部控制体系，发布的内控管理制度及内控框架适用于公司所有流程（包括业务和财务）、子公司以及业务单元。

管理文化：华为致力于倡导及维护公司诚信文化，高度重视职业道德，严格遵守企业公民道德相关的法律法规。公司制定了《华为员工商业行为准则》（Business Conduct Guidenline，BCG），明确全体员工（包括高管）在公司商业行为中必须遵守的基本业务行为标准，并例行组织全员培训与签署，确保其阅读、了解并遵从 BCG。

华为如此强悍的风险管理说明，具备系统性的风险管理思路对现代企业进行全面风险管理至关重要。

二、风险管理第二大着力点：风险管理流程

现代风险管理实践遵循一个循环前进、螺旋式上升的流程，主要分为风险识别、风险评估、风险应对、风险监督四个阶段。

风险管理的第一阶段是风险识别，这是风险管理的基础。通过风险识别可以发现和分析已有风险或潜在风险的成因。

爱立信与诺基亚：一粒烟尘后的差异（上）

2000 年，爱立信公司（以下简称爱立信）的一款新手机因为一次突发事件而推迟了上市。这次推迟，造成了爱立信高达 4 亿美元的损失，直接促使爱立信退出手机生产市场。

2000 年 3 月，爱立信的芯片供应商荷兰皇家飞利浦电子公司（以下简称飞利浦）的工厂因为遭到雷击，发生了火灾。不过火本身并不大，10 分钟内就被扑灭了。火灾发生后，飞利浦通知了客户爱立信。爱立信的采购经理接到通知后，检查了公司的芯片库存，发现现有的芯片库存还能够维持几周，觉得不会影响新手机的生产，就放心了。可他忽略了一个基本常识，再小的火灾都会带来烟尘，从而污染芯片制造厂里生产晶圆的无尘室。

这次污染导致芯片工厂停产了好几个月。当爱立信的采购经理意识到事情的严重性时才向上级汇报，而等到上级采取行动为时已晚，有能力替代飞利浦的供应商，都已经被爱立信的竞争对手抢先签约了。

火灾烟尘会影响芯片生产的问题，为什么会被爱立信忽略呢？因为当事人被一个偏见影响了，即新现象的日常化。也就是说，当事人用日常的思维方式去处理了新的现象。例如，火灾发生后，爱立信的采购经理按照流程确认情况，然后盘点库存。但是，火灾引起烟尘污染是一个新风险，它需要一个全新的应对措施。为了在遇到新风险时能够抑制本能的、固化的思维模式，提前做好风险识别就显得尤为重要。风险识别的重要作用就是绕开日常化的默认思维，对潜在的新风险进行发掘。

爱立信与诺基亚：一粒烟尘后的差异（下）

芯片工厂失火时，除了爱立信，飞利浦还有另一个客户诺基亚公司（以下简称诺基亚）。在诺基亚的管理体系里就有一套"风险识别系统"，使其顺利度过了这次火灾烟尘的危机。

当接到芯片工厂着火的通知后，诺基亚的采购经理与爱立信的采购经理做出的反应不一样。他先是检查了库存，发现库存足够，就把事情当作常规事件记录下来。然后，他还将此事上报给了部门的副总裁。接到报告后，副总裁加强了公司对飞利浦芯片厂的关注，把飞利浦生产的 5 个产品放到了诺基亚的一个特殊关注清单上。于是，诺基亚的高管开始每天跟飞利浦确认其恢复进展情况。诺基亚很快发现，火灾对产能的影响可能要持续几个月。于是他们立刻开展内部分析，发现这场火灾造成的零部件短缺有可能影响诺基亚5%以上的年销售额。随后副总裁马上重新安排了两个新的供应商，生产一部分短缺的零部件。但副总裁还发现，其中有一种芯片只有飞利浦能生产，于是他直接动员诺基亚 CEO 去找飞利浦的 CEO 商谈解决方案。诺基亚要求飞利浦把其他两个厂的产能补给诺基亚。最终，诺基亚在这场危机当中全身而退。

　　许多企业，特别是规模较大的企业，因为管理机制复杂而固化，所以在面对风险时动作明显僵化，从而失去了最佳采取应对措施的时机。因此，企业进行风险识别是开展全面风险管理的首要步骤。风险识别可以通过多种工具来实现，其中最广泛使用的工具包括德尔菲法、流程图法和事故树，如表 6-1 所示。

表 6-1　常用风险识别工具

名称	工具描述
德尔菲法	反复征求整理专家意见，形成对潜在风险的共识
流程图法	建立覆盖整体的流程图，与实际情况对比以识别风险
事故树	运用逻辑推理对危险性进行辨识和评价，分析直接原因和潜在原因

　　风险识别的结果是企业的风险事件库，这将是企业进行风险管理的起点和依据。它一方面能够全面地辨识企业风险，另一方面能够让企业内部对所面临的风险达成统一的认识。

　　风险管理实践的第二阶段是风险评估。这一阶段需要对所识别的风险测评其发生的可能性和影响程度。风险可能性是指在目前管理水平下，风险事件发生的概率大小或发生的频繁程度；风险影响程度是指在目前管理水平下，风险事件对公司管理或业务发展所产生影响的大小。对风险可能性和影响程度的评估可以采取定量和定性相结合的方式。定量方法可采用统计推论（如集中趋势法）、计算机模拟（如蒙特卡罗分析法）、失效模式与影响分析、事故树分析等，定性方法可采用问卷调查、集体讨论、专家咨询、情景分析、政策分析、行业标杆比较、管理层访谈、由专人主持的工作访谈和调查研究等。

通过风险评估，最终可以将企业面临的各项风险列示在风险矩阵上，一目了然地识别出当前对企业产生的影响程度，如图 6-1 所示。

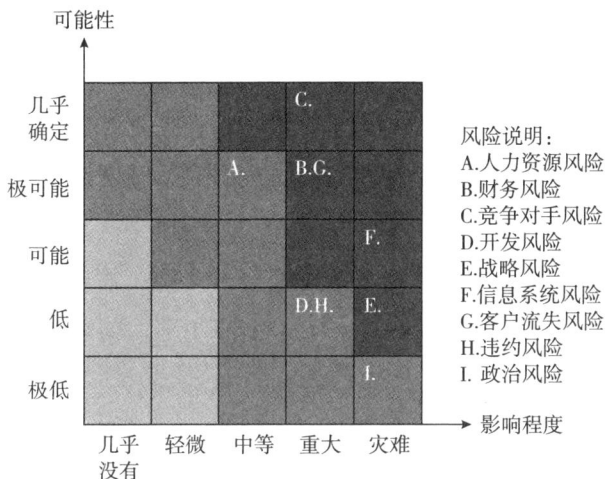

图 6-1　企业风险矩阵

需要注意的是，由于风险评估所测评的风险发生的可能性与影响在很大程度上来自企业对各风险的感知，所以企业在进行风险评估时容易陷入一些感知上的误区。例如，"大风大浪都闯过来了，却在小河沟里翻了船"这句话很好地诠释了人们在经历由陌生的高风险环境到熟知环境的变化时，对风险感知的误区。即因为切换到了自己熟悉的环境，而把熟悉的环境错误地等同于低风险环境。又如"淹死的也许都是会游泳的人"，说明了心态上承认高风险并不能引起风险等级的降低，也不等于可以随着时间的推移，在行动上放松对风险的管控。因此，企业在进行风险评估时应该建立权变理论思维框架，形成动态评估模式以避免感知误区。

权变理论又称情境理论，它认为领导的有效性不是取决于领导者不变的品质和行为，而是领导者、被领导者、环境条件和工作任务结构四个方面的因素交互作用的动态过程。权变理论提倡管理者要时刻关注情境的变化，在分析了所处情境的特点后，再采取相适应的领导策略。这个思维方式对于指导风险评估工作意义重大。风险评估能力可以看作以"领导（管理）者""被管理风险事项""所处环境""业务"为变量的函数，而对"所处环境"的变量"求偏导数"所得到的结果就是风险感知系数。这个系数越大，说明当情景改变时，企业对风险的感知力越高，也代表着风险评估的能力越强。具体来说，就是需要管理者时刻关注企业所处环境的多样性与不确定性，从而针对不同环境建立不同的评估系统，特别是在环境出现差异带来新的风险和冲突时，做好"边界"管理。

风险管理的第三阶段是风险应对。它是指在确定了存在的风险，并分析出风险概率及其影响程度的基础上，根据风险性质和决策主体对风险的承受能力而制订的相应防范计划。制定风险应对策略主要考虑四个方面的因素：可规避性、可转移性、可缓解性、可接受性。影响小、可能性低的风险重点考虑可接受性；影响小、可能性高的风险重点考虑可转移性；影响大、可能性低的风险小心管理，重点考虑损失控制；影响大、可能性高的风险重点考虑能否规避。

在风险管理实践中也要注意不同阶段的应对重心。事前萌芽期，应识别和处理根源；事中演进和发生阶段，应采取和优化风险预案；事后影响期，应把重心放在事后处理和危机管理上。

根据风险应对环节制订的管理计划，企业将形成自身的风险策略库和风险管理职责分工表，以作为风险管理行动的指导。

风险管理的第四阶段是风险监督，它是风险管理实践的保障。企业应以重大风险、重大事件、重大决策、重要管理及业务流程为重点，对风险识别、风险评估、风险应对活动的实施情况进行监督，对风险管理的有效性进行检验，根据风险变化情况和管理中存在的缺陷及时加以改进。

企业应建立贯穿于整个风险管理基本流程，连接各上下级、各部门和业务单位的风险管理信息沟通渠道，确保信息沟通的及时、准确、完整，为风险管理监督与改进奠定基础。各有关部门和业务单位应定期对风险管理工作进行自查和检验，及时发现缺陷并加以改进。其自查报告和检验报告应及时报送企业风险管理职能部门。

风险管理部门应定期对各部门和业务单位的风险管理工作的实施情况和有

效性进行检查和检验；要根据制定风险策略时提出的有效性标准的要求对风险管理策略进行评估，对跨部门和业务单位的风险管理解决方案进行评价，并提出调整或改进建议，出具评价和建议报告，及时报送企业总经理或其委托分管风险管理工作的高管。

内部审计部门应每年至少一次对包括风险管理职能部门在内的各有关部门和业务单位，是否按照有关规定开展风险管理工作及其工作效果进行监督评价。监督评价报告应直接报送董事会或董事会下设的风险管理委员会和审计委员会。此项工作也可结合年度审计、任期审计或专项审计工作一并开展。

此外，企业可聘请有资质、信誉好、风险管理专业能力强的中介机构对其全面风险管理工作进行评价，并出具风险管理评估和建议专项报告。

风险监督是风险管理实践的最后一个环节，但并不意味着就是风险管理实践的终点。风险管理是一项循环前进的任务。企业时刻面临着变化的环境，因此，风险管理实践也需要保持持续的迭代和升级。

三、风险管理第三大着力点：风险分类

马克思主义哲学指出具体问题具体分析，这是因为事物面临的诸多矛盾有主次之分，需要区别对待。主要矛盾在所有的矛盾中占据支配地位，对事物的发展起着决定性作用；剩下的矛盾，处于被支配地位，就是次要矛盾。例如，每个国家的矛盾有很多种，能源问题、环境问题、气候问题，但是中国最主要的矛盾是什么？10年前是人民日益增长的物质文化需要同落后的社会生产之间的矛盾，现在是人民日益增长的美好生活需要和不平衡不充分的发展之间的矛盾。矛盾的主次之分决定了解决矛盾一方面要学会统筹兼顾，处理好主要矛盾的同时恰当地处理次要矛盾；另一方面要反对不分主次的均衡论，明确用同样的精力处理所有风险是不现实的。只有抓关键、抓中心、抓重点，集中主要力量解决主要矛盾，才能合适地解决矛盾。

企业面对着形形色色的风险。因此，要想做好风险管理，需要对风险分门别类加以应对，并找到对企业生存发展起支配作用的主要风险，重点攻破。综合风险管理理论与多年实践，应许认为企业最主要的风险有八种，分别是战略风险、核心团队流失风险、质量风险、资金风险、法律风险、政策风险、不可抗力风险以及企业家健康风险。

1. 战略风险

战略风险来源于战略规划。战略规划关乎企业的定位和未来前行的方向。一旦战略规划出现了偏差，轻则阻碍内部的管理秩序，重则让企业被大环境淘汰。

例如，风靡一时的北京拜克洛克科技有限公司（以下统称 ofo），就是因战略风险而销声匿迹。2017 年初，ofo 经历了四轮融资后，提出了"城市战略"——10 天内进入 11 座城市，为当地居民提供出行服务。在这一战略引导下，ofo 快速铺占市场，甚至为了击败竞争对手，掀起了一轮"红包车、免费骑、免押金"三级价格战。然而，北京、上海等城市先后按下了暂停键，ofo 的战略最终没能达成。而为了实现战略，ofo 几乎耗尽了所有的融资款。因此，ofo 黯然退出了人们的视线。制定战略时忽视对大环境的评估，并且未能及时做出调整，墨守成规，这场资本下的蒙眼狂奔至今让人唏嘘不已。

2. 核心团队流失风险

企业发展到一定阶段，企业领导人的核心任务就是打造公司的核心团队。如果没有核心团队，仅仅依靠企业家一个人的能力和视野，是无法驾驭如今这样动荡的环境的。回看很多优秀的企业，它们之所以优秀并且能够持续成长，就是因为一直有一支团队能够理解、执行、完成目标。而一旦核心团队流失，企业的事业也将无法持续。

例如，北京京西文化旅游股份有限公司（以下简称北京文化）在 2019 年亏损高达 24.5 亿元。由于 2019 年北京文化原管理团队流失且未新增核心创作成员，导致其核心竞争优势的缺失。北京文化旗下电视剧子公司的核心创作成员频频出走的同时，艺人经纪子公司的核心演员也不断流失，这让其即使手握了多部叫好叫座的影片，也回天乏术。

3. 质量风险

质量风险管理是现代企业制度形成中的系统工程之一，伴随着企业一同发展。只有质量好的产品才能支持企业持续发展，只有实行有力的质量管理，才能孕育优质产品。反之，质量管理的缺失或低劣的产品质量，只能影响企业的口碑，阻碍其发展。

例如，重庆市紫建电子股份有限公司（以下简称紫建电子）这家专注于小型消费类可充电锂离子电池产品的研发、设计、生产和销售的国家高新技术企业，因为产品质量问题在首次公开募股（Intial Public Offering，IPO）的路上波折重重。由于被曝光六成研发人员无本科学历，并且产品屡次发生自燃事故，虽然拥有歌尔股份有限公司、万魔声学股份有限公司等多个知名客户，但紫建电子还是被质疑产品质量问题，信心满满的 IPO 在问询后变成了"中止"状态。

4. 资金风险

企业的资金活动包括企业筹资、投资和资金营运的所有活动。资金活动的结果，最直接的反应便是对企业资金链的影响。资金活动关乎企业资金的流动性和偿债能力，代表了企业在公众面前的实力和信誉。

例如，伴随了一代人成长的中国汇源果汁集团有限公司（以下简称汇源），如今跌落神坛的根源就是资金活动的失败。为了实现建立果汁全产业链企业的目标，汇源董事长朱新礼在逾 15 个省投资了约 30 个农业产业园区，仅湖北省钟祥市建设一个生态绿色产业园，投资规模就达到 142 亿元。如此大额的投资仅依靠经营现金流与业绩增长作为支持。然而，对可口可乐收购的失败和经营团队的变动，使汇源的资金压力一步步放大，最终深陷债务危机的泥沼，朱新礼也从"果汁大王"变为了失信人。

5. 法律风险

企业法律风险是指在法律实施过程中，由于企业外部的法律环境发生变化，或由于企业自身在内的各种主体未按照法律规定或合同约定行使权利、履行义务，而对企业造成负面法律后果的可能性。遵守法律是企业生存的基本。无论是企业资质、行政审批、缴税、保险，还是企业的生存、管理、运行都是在遵守法律的前提下运转的。一旦企业只追求利润而违反法律法规，必然会招致严重的处罚和巨大的损失。

2018 年 7 月，长春长生生物公司因狂犬病疫苗生产记录造假问题被立案调查，并受到吉林省药监局行政处罚。之后，随着事件进展，舆情不断发酵，最终蔓延全国，全民关注度高居不下，讨伐之声不绝于耳。长春市新区公安分局发布公告称，以生产、销售劣药罪，对长春长生生物科技有限责任公司董事长高俊芳等18名犯罪嫌疑人，向检察机关提请批准逮捕。2019年10月8日，在暂停上市6个月后，长生股票终止上市。

6. 政策风险

政策对企业的影响是不可忽视的。大到"贸易战"，小到"双减"，多少企业被政策的变化打得措手不及。对于企业而言，政策风险主要是政策走势的不确定性和政策态度的大转弯。由于政策不可预估，企业与政策基本上处于完全不对等的位置。

2018年2月，教育部办公厅等四部委共同发布了《关于切实减轻中小学生课外负担开展校外培训机构专项治理行动的通知》，联合开展校外培训机构专项治理行动。2021年7月，中共中央办公厅、国务院办公厅又印发了《关于进一步减轻义务教育阶段学生作业负担和校外培训负担的意见》，严格控制资本过度涌入培训机构。2021年6月15日，教育部成立校外教育培训监管司，来自中央层面的监管力度层层加大。如今，各大教育培训机构早已不复昔年火爆的景象。

7. 不可抗力风险

不可抗力风险是让广大企业深感无力的一类风险。不可抗力既包含地震、旱灾、水灾、台风等自然因素，又包含战争、罢工、瘟疫、骚乱等社会因素。不可抗力因其不易预见、不能避免且不能克服的客观情况，每次发生都可能对企业造成毁灭性的打击。如果说大型企业面对利空政策或不可抗力还能挣扎反击，大多数中小企业却如蚍蜉撼树。

在新冠肺炎疫情最初暴发时，文化和旅游部接连发文，暂停全国旅行社及在线旅游企业经营团队旅游及"机票+酒店"产品业务。体量较大以及各细分领域排名靠前的旅游企业的营业收入均出现了缩水。

8. 企业家健康风险

有一类风险非常值得重视，却常常被忽略，那便是企业家本人。企业家是企业的创建人、掌舵人、代言人，因此，企业家的健康便是企业的健康。一直以来，"累并快乐着"似乎是企业家们的常态。在节奏日益加快的商业世界，商业领袖的头脑也需要一刻不停地转动。因为有强烈的使命感、责任心和奋斗精神，才让这些精英们脱颖而出。也因为身居高位，承担着企业发展甚至生死的责任，随着竞争愈趋激烈，企业家们往往需要花更多的精力和心血来应对内外环境的变化，以谋求企业的利益和长远的发展。很多高管已经到了忘我的境界，忽视了自己的生活节奏和身心健康。2021 年 4 月 17 日发布的《A 股上市公司高管健康报告》显示：从 2018 年到报告发布前，经 A 股公告披露，共有 116 名上市公司董监高或实控人相继离世。他们的平均年龄为 59 岁，比全国居民平均预期寿命少了 18 岁，其中 67 人集中在 45~60 岁，占比接近 58%。

四、风险管理第四大着力点：风险策略

对风险的不同类型有了认识之后，便是利用合适的策略尽量使风险带来最大的效益。应对风险的策略主要有七种，分别是：风险承担、风险规避、风险转移、风险转换、风险对冲、风险补偿、风险控制。

风险承担亦称风险保留、风险自留，指企业对所面临的风险采取接受的态度，从而承担风险带来的后果。风险规避是指企业回避、停止或退出蕴含某一风险的商业活动或商业环境，避免成为风险的所有人。风险转移是指企业通过合同将风险转移到第三方，企业对转移后的风险不再拥有所有权。风险转移不会降低其可能的严重程度，只是从一方移除后转移到另一方。风险转换是指企业将面临的风险转换成另一个风险。风险转换的手段包括战略调整和衍生产品等，一般不会直接降低企业总的风险。风险对冲是指采取各种手段，引入多个风险因素或承担多个风险，使这些风险能够对冲、抵消。风险补偿是指企业主动承担风险，并采取措施以补偿可能的损失。补偿的形式有财务补偿、人力补偿、物资补偿等。风险控制是指对可控的风险事件控制其发生的动因、环境、条件等，以达到减轻风险事件发生时的损失或降低风险事件发生概率的目的。

七种风险策略因各自的目标不同，所以对应的风险管理办法的投入与产出也存在着差异，具体可结合应许企业八大风险的应对方法来分析。

（一）战略风险与 A—E 字母法

A—E 字母法可用于避免企业折戟于战略风险，具体法则由以下五个内容构成：A 指 Abandon，寓意规避、抛弃。对于企业来说，如果已经运作于一个高度不确定性的市场环境，规避表现为剥离一部分特殊的资产，以适应这个市场的需要；对于还未进入不确定性市场环境的企业来说，规避则要求推迟进入市场，直至不确定性降低至可以接受的水平。B 指 Battle，寓意竞争。企业可以通过采取竞争手段控制关键性的意外环境变化来降低战略不确定性。例如，参与政治活动、获取市场力量，以及采取战略行动威胁竞争对手。C 指 Cooperate，寓意合作。生意场上没有永远的敌人。运用合作手段来进行不确定性管理，是企业相互依赖程度逐渐提升的结果。合作方式包括：与供应商或客户的长期合约、设置志愿性竞争限制条件、联盟或合资、特许经营、建立技术使用协定、参与行业公会等。D 指 Develop，寓意发展。面对战略不确定性，企业应当主动提高组织适应性。发展战略最典型的例子就是产品多元化和地域市场多元化。例如，同时采用多条产品线或进入多个不同市场，以此来规避战略变动带来的风险。E 指 Emulate，寓意模仿。除了自己摸石头过河，企业也可通过模仿竞争对手来应对战略不确定性。模仿一般包括价格模仿和产品模仿。对产品和流程技术进行模仿，对一些企业来说可能是比较可行的低成本战略。

格兰仕：从羽绒服到微波炉的跨越

1993 年，广东格兰仕集团有限公司（以下简称格兰仕）试产微波炉 1 万台。自 1995 年起，格兰仕在微波炉国内市场的占有率一直位居第一，且超过国际产业、学术界定义的垄断线（30%），达到 60%。2000 年，格兰仕研制出自主品牌磁控管，开始从"世界工厂"向"世界品牌"转型。2008 年，格兰仕建立起专业化冰箱、洗衣机、洗碗机产业链，全面进入白色家电领域。2019 年 9 月 28 日，格兰仕发布首款物联网家电芯片，成为第一家实现反向定制专属芯片的家电企业。由昔日的羽绒服制造公司一步步成为如今的白电龙头，格兰仕的战略风险管理水平可见一斑。

规避：格兰仕前身是 1979 年成立的广东顺德桂洲羽绒厂。1991 年，格兰仕决策层普遍认为，羽绒服装及其他制品的出口前景不佳，并达成共识：从现行业转移到一个成长性更好的行业。经过市场调查，格兰仕初步选定家电业为新的经营领域。通过进一步分析，格兰仕选定小家电为主攻方向，最后确定微波炉为主导产品。

模仿：1992 年，在决定进入微波炉领域后，格兰仕从日本引进了微波炉生产线，研制了第一台格兰仕微波炉。"拿来主义"思想形成。通过与国外家电厂商的合作，建设自己的生产平台。收购生产线的同时得到了国外现成的市场，实现了"做全球的家电生产制造中心"的目标。

竞争：1996~2000 年，格兰仕先后 5 次大幅降价，每次幅度超过 20%，每次都使市场占有率总体提高 10% 以上。格兰仕通过快速的规模化和低价策略，构建了强大的行业壁垒，使竞争对手缺乏追赶其规模的机会，并摧毁了竞争对手的信心，将其淘汰出局。

合作：2019 年，国家市场监督管理总局、国家发展和改革委员会等八部门联合开展"网剑行动"，将电商平台的"二选一"列为重点打击的不正当竞争行为。格兰仕联合千万中小商家纷纷参与其中，声讨"二选一"，领头维护公平、公正的营商环境。

发展：早在经营轻纺织品时，格兰仕就接触过日本企业，对其制造业及其管理理念都很认同。2002 年起，格兰仕开始大规模实施标准化、精细化管理，聘请专业培训师到格兰仕生产线上进行指导。

从格兰仕的案例能看出，规避、模仿、竞争、合作、发展的方式蕴含着风险规避、风险承担、风险转移等策略。综合运用字母法的五个要点，能够在企业面对战略风险时起到四两拨千斤的作用。

（二）核心人才流失风险与 4C 法

4C 法可以用于帮助企业更好地留住和运用核心团队，降低核心人才流失的风险。第一个 C 指代赋予核心人员更高的角色（Character），第二个 C 指代提供健康的工作文化（Culture），第三个 C 指代给予高薪资和长期激励（Compensation），第四个 C 指代保密核心人员的信息（Confidentiality）。

亚马逊 S-Team：超越 15 年的陪伴

自亚马逊公司（以下简称亚马逊）创办以来，贝索斯一直在台前为其强势代言，而其身后的高管团队鲜有在公开场合发声。据了解，亚马逊拥有一支以贝索斯为核心的 18 个人的最高管理团队——S-Team。除贝索斯本人外，该团队成员还包括 8 名直接向贝索斯汇报的高管和 9 名二级下属。

赋予核心人员更高的角色：S-Team 的成员与贝索斯关系密切，并且随着公司的发展而担负起各自负责领域的领导职责，可直接向贝索斯汇报。例如，全球运营高级副总裁戴夫·克拉克，他已在亚马逊供职 20 年，最初只是宾州一个物流中心的区域运营总监，后来逐渐负责亚马逊整个北美运营网络，并于 2013 年被提升为全球运营和客户服务高级副总裁。

提供健康的工作文化：由于能够直接向贝索斯汇报，高管之间鲜有相互争论、在贝索斯面前搬弄是非等企业政治斗争和愚蠢行为。具备了这样一支团队，亚马逊内部增强了信任感，减少了政治斗争和内耗。S-Team 的成员会在重大决策和战略问题上相互合作，在达成决定之后，带领各自的部门前进。

给予高薪资和长期激励：亚马逊授予高管的股权激励工具是限制性股票单元，且限制期长达 5~6 年，这比市场上常见的 3~4 年多出大约两年。在授予水平上，亚马逊强调授予高管高于市场平均水平的总薪酬，这其中绝大多数都以限制性股票的形式发放。

保密核心人员的信息：亚马逊拒绝让任何人公开讨论 S-Team。外人无法在亚马逊网站上找到 S-Team 成员的名单，即使是关注亚马逊的金融分析师，通常也很少能接触该公司的核心高管团队成员。

通过围绕 4C 法则执行的各项举措，亚马逊有效地保留住了核心团队。亚马逊成立至今已有 20 多年，S-Team 成员的平均任期超过 15 年，占据了亚马逊成立以来的绝大部分时间。对于其他企业来说，围绕 4C 法则也能从环境、激励、发展等方面有效建立起核心人才对企业的忠诚，这背后也蕴含着企业对核心人才流失的风险做出补偿和控制的策略。

（三）质量风险与六要素法

六要素法可用于质量风险管理。产品质量是人、机、料、法、环、测六个要素综合作用的结果，因此，质量风险管理也需要围绕这六要素，采取有效的控制措施避免风险的产生。六要素法用于进行企业的生产质量管理，要求对人应进行岗位培训和质量意识教育，对机器应进行设备保养和规范操作，对材料应平衡成本质量和做好跟单管理，对方法应建立健全规范的流程和制度，对环境应创造规范的生产环境，对测量应合理采取首件检验、过程检验和终检。

丰田：何以成为质量典范

丰田汽车公司（以下简称丰田）的精细化管理是优秀质量管理的代表。

人：丰田重视对员工的培训，所有员工上岗前要学习质量管理课程，提高解决实际质量问题的能力和制定解决质量问题方案的能力。数据显示，丰田对员工的培训时间比欧洲厂家多出一倍，在实际工作中的差错率要比欧洲厂家少得多。大力培训促使丰田质量理念深入人心，保障了全面质量管理的顺利进行。此外，丰田还采取了质量小组的管理形式。公司质量管理部对质量小组具有引导、服务、援助的义务，并为质量小组提供各种信息和辅导，也可以根据公司发展的需求提出共同性课题来推动小组活动。质量管理小组的活动，对激发员工的潜能、改进质量和降低成本都取得很大的成果。

机：除了定期的设备维护和保养，丰田在生产准备阶段就开始编写机器设备的作业标准。编写完成后，作业标准必须经过生产班组的验证，对不合理的地方加以修正，并获得生产班组的认可，最后由且仅由生产部门审批发布。这保障了标准的合理性、可操作性，使质量标准得以有效执行。

料：丰田的质量管理注重质量与成本的平衡。丰田认为60%的质量取决于供应商，成本不是越低越好，过低的进货成本很大可能会影响质量的提升。为了在提高质量的同时控制好成本，丰田要求适时生产并制订详细的生产计划。

按照生产计划生产必要的产品和产出必要的数额，可以最大程度地消除浪费和不符合要求的产品，从而提高生产力与生产质量。

法：在丰田质量管理中最出名的便是 Line Stop 制度。任何员工在发现质量问题时有权停止整个生产线。装有自动停止装置的设备机在发现问题时会自动停止工作，一方面可以保障缺陷产品不会流向下一个流程，另一方面可以让员工检查和改进问题。这使质量问题一目了然，有利于员工快速响应和改进。

环：在生产环境的建设上，丰田生产方式的安灯系统和看板系统风靡制造业。在汽车制造厂的各大车间都可以看到针对不同需求而设计的安灯。此外，它还应用在各个门类的机械制造厂中，发挥着警示作用和信息传递作用。它是一种提高生产质量和效率的最有效的手段。在丰田，当生产进入下一个流程的时候，操作人员使用看板沟通已经使用了哪些零部件，还需要哪些零部件等。

测：丰田要求所有产品零缺陷。在丰田，抽检被认为没有意义，这是因为所有产品都需要进行 100% 检测，只有这样才能确保实现最高的质量。

可以看到，在进行质量风险管理时，对六要素的控制管理缺一不可。只有六要素环环相扣，才能最大程度地管理好产品质量。质量风险管理的六要素法也是风险控制策略最显著的体现之一。

（四）资金风险与天平法

天平法是做好资金风险管理的基础方法。资金链断裂对企业来说是毁灭性的打击。因此，做好资金管理，防范资金风险是企业的重任。要正确管理资金风险，就要架起一座资金天平，天平的左侧是投资和筹资，右侧是现金和回款管理。只有做好节流、开源和预警准备，才能在经营活动、筹资活动、投资活动中寻找到平衡。

被资金危机驱赶的万科

2020 年 8 月，万科企业股份有限公司（以下简称万科）发布中期业绩。总裁祝九胜表示，万科的财务和资金状况非常稳健，体现在多个维度：净负债率为

27%，处于行业低位；货币资金对一年内到期的有息负债的覆盖倍数达到两倍；有息负债占总资产的比例只有15%左右；公司已连续11年经营性净现金流为正数，上半年即使有新冠肺炎疫情冲击，仍然实现了226亿元的经营性现金流净流入。其实早在前几年万科管理层郁亮就曾说，万科是危机感驱动的公司，他们永远要思考最坏的时候，并且永远把希望建立在自己身上，这样才活得踏实。

天平左侧：2019年2月，万科完成2019年面向合格投资者公开发行住房租赁专项公司债券，最终发行规模为20亿元，票面利率仅为3.65%。而目前房地产企业的融资成本普遍在7%～8%，部分高达10%～15%。2020年6月，万科正式在香港联合交易所主板挂牌，成为内地第三家B股转H股公司，获得了一个全新的低成本的融资渠道。面对融资环境的不确定性，万科始终坚持稳健经营，提高资金使用效率，持续优化债务结构、降低融资成本，保持良好的财务状况，提升对财务风险的防范能力。

天平右侧：现金管理方面，万科坚持不囤地、不捂盘、不拿地王。万科销售的住宅楼92%是中小户型。郁亮说这是为了保证有足够的流动性，做到现金流安全。为了保留更多现金，万科还调整了2019年的派息比例。过去两年，万科的现金分红派息比例一直维持在35%左右。自2016年起，万科内部强调不再单纯地将销售规模作为主要目标，而是更强调回款率，业绩考核指标也从销售额转变为回款额。此外，万科还设置了专门的回款管理岗位，主要职责包括回款运营管理、回款数据分析、回款流程控制以及回款合作资源管理等。

万科通过采取风险控制、风险转移等策略，运用天平法将资金风险控制在合理范围内。这是它能够在如今楼市式微之时保持资金链稳定的关键，也是其他企业在进行资金风险管理时值得学习的实例。

（五）法律风险与攘外安内法

攘外安内法适用于企业处理法律风险。企业对外要努力把握立法走向，避免权益侵害；对内要规避违法违规行为，弥补监管缺失的漏洞。对企业来说，攘外安内是一项专业要求高且需要长期坚持的任务。

腾讯：重视法律的力量

2013 年，地处深圳南山区的腾讯取得了 29 次诉讼不败的傲人成绩。2018~2020 年，腾讯在南山法院作为原告的案件，胜率为 100%，作为被告的案件，胜率为 93%，综合胜率超过 94%。在法律事务上的出类拔萃离不开腾讯攘外安内的法律风险管理。

攘外：腾讯建立了强大的法务团队。腾讯法务团队分为三个子部门：法务综合部、知识产权部、合规交易部。这支队伍承担了开展前瞻性的法律研究、支撑并购等投资活动、积极捍卫公司权益、全方位支持业务发展的职能。例如，针对行业热点、难点、法律问题进行研究并与学术界进行探讨，积极布局法律研究，成立了业内第一个法律研究中心；又如知识产权部与业务部门合作，积极打击外界对腾讯的任何侵权行为。

安内：腾讯在内部建立了系统的合规体系。例如，《腾讯阳光行为准则》（以下简称准则）明确规定了"腾讯高压线"，并组织全体员工进行学习，100%接受反贪腐培训。同时，腾讯也要求供应商遵守本公司的商业道德及准则中关于反贪腐的要求，共同维护合法、公正和公平交易的合作基础。此外，腾讯还出台了《敏感岗位管理办法》，将可能承担较高风险职责的岗位作为敏感岗位进行管理，并针对这些岗位采取相应的管理措施。另外，腾讯还建立了《反舞弊举报制度》，鼓励所有人员举报任何现有的或潜在的舞弊及违规行为。内部审计部门对于所有敏感岗位人员均保留审计权利，并不定期筛选在职或离任的敏感岗位人员进行审计。

攘外安内法是典型的风险控制策略，通过控制风险的产生条件，从内外两个层面帮助企业全面应对法律风险的发生。

（六）政策风险与双通道法

双通道法可用于防范政策风险。其中，一条通道是保持持续盈利能力以应对政策走势的不确定，另一条通道是采取对冲措施以应对政策方向的大转弯。

双管齐下，方能使企业在与政策的不对等关系中得以生存。

站着把钱挣了

在短短两年不到的时间里，华为经历了美国对其进行的四轮制裁。虽然海外市场受到影响，但华为始终在抗争，推出了自己的系统和服务，这都归功于其对政策风险的充分预案。

对冲措施一：在美国政府先后两次对华为做出制裁后，华为宣告备胎芯片一夜"转正"。来自公司总裁办的邮件指出，"公司在多年前就有所预计，并在研究开发、业务连续性等方面进行了大量投入和充分准备，能够保障在极端情况下，公司经营不受大的影响"。华为计划与政府支持的上海集成电路研发中心合作，在上海成立芯片生产工厂，这家全新的工厂可供应华为的智慧电视与物联网设备。

对冲措施二：事实上，2020年11月华为就宣布出售经营中低端手机业务的荣耀终端公司，还将智能汽车板块划归消费者业务，其目前定位为智能网联汽车增量部件供应商。华为选择的发力方向是企业业务，中国巨大体量的城市和经济为华为的技术提供着几近无限的应用空间。2021年，华为其他业务差不多已经能够对冲手机业务的下滑。

持续盈利措施一：在2019年初至2018年年报的批准日之间，华为累计提款140亿元。资金那么宽裕，为何还要发债？华为的解释是为了保持稳健的资本架构和一定的财务弹性。任正非曾进行过更详细的说明：一是必须在最好的情况下发债，增强社会了解和信任，不能到困难时再发债；二是发债成本低于4%，较易接受；三是在海外银行的融资通道存在不通畅的风险，尝试改换到国内银行融资。

持续盈利措施二：截至2020年底，华为在全球的有效授权专利超过10万件，90%以上为发明专利。苹果公司自2015年就开始向华为缴纳专利授权费用。既然无法大力发展手机业务，华为便从2021年开始收取5G专利许可费，对遵循5G标准的单部手机按2.5美元上限进行收费。华为披露，2019~2021年的知识产权收入为12亿至13亿美元，仅2021年第一季度就收获6亿美元的海外专利许可费。可以预期，专利授权将成为华为重要的收入来源。

可以看到，通过芯片去美国化、调整业务结构的对冲措施和适当融资、开发专利的保持盈利能力的措施，为华为顺利挺过了艰难的时期。

由于关系不对等，企业面临政策风险时应优先考虑风险对冲、风险转换的策略。双通道法使企业一方面以对冲的策略顶住政策风险的压力，另一方面以转换的策略将部分政策风险转换成企业能够控制、承担的其他风险，使其不再束手无措、坐以待毙。

（七）不可抗力风险与掌控者法

掌控者法可用于帮助企业应对不可抗力风险。面对不可抗力，企业内心都希望能够成为一个掌控者，扭转被动的局面。

（1）免责条款（Exemption Clause）。许多公司在签订合同时，会涉及不可抗力的条款，这些条款就属于免责条款。不可抗力事故发生后所引起的法律后果主要有两种：一是解除合同；二是延迟履行合同。合同涉及的事故包括两种情况：一是自然现象引起的，如水灾、地震等；二是社会因素引起的，如战争、罢工、政府禁令、封锁禁运等。而对于后者，各国的解释分歧较大。因此，在实际业务中，接受不可抗力条款时，对不可抗力事故的认定必须慎重和严格掌握，避免盲目接受。

（2）持续监测（Monitor）。对不可抗力发生的环境进行持续和密切的监测与关注，做好一切预防措施，将损失减到最小。

（3）购置保险（Insurance）。公司对存在重大风险的事项应当购买保险。虽然日常需要定期支付一定金额的保险费，但一旦发生意外，可至少使企业免于破产的危机。例如，洪水发生时，如果对设备、厂房投保了财产险，那么就可在保障范围内减少损失，将风险转移到第三方。

（4）应急补偿（Reimbursement）。应急补偿的形式有财务补偿、人力补偿、物资补偿等。其中，财务补偿的形式最为常见，其表现为损失企业以自身的风险准备金或应急资本进行风险补偿。简单来说，就是经营之前需要留下一些"余粮"。

牧原股份：人定胜天

2021年7月，针对河南省多地出现的连续强降雨，牧原食品股份有限公司（以下简称牧原股份）成立应急指挥部，密切关注其带来的影响，要求各区域、各部门及时排查险情、上报总部，并根据各地实际情况制定相应的应急预案，以保障公司正常运营。

持续监测：洪涝灾害发生后，牧原股份从环境大排查和清消两个方面进行防控。一是对于可能涉及有较大风险的场区和场内有积水的场区，对其外部大环境和内部环境、水源等进行采样排查风险，并持续进行监测。二是消毒方面，对场内积水进行疏通，同时对场内大环境进行全方位清消。持续监测水源，在安全范围内加大水源食品级消毒剂的投放比例。

购置保险：虽然洪灾过后的财产损失动辄千万，但牧原股份对公司的生猪及财产都购买了相关保险，并根据理赔条款进行了索赔，弥补了不可抗力对公司造成的损失。

应急补偿：事实上，牧原股份在应对洪水问题上也早有准备。公司自上市以来有相当高比例的固定资产，原因就是公司斥巨资建造的"豪华"猪舍。这些猪舍更加牢固，不惧洪水，甚至配备了新风系统，以减少猪瘟等其他不可抗力风险对企业的财产侵害。

牧原股份如今已站在生猪养殖行业的巅峰，其通过风险补偿等策略及方法，成为了行业内对不可抗力风险的最强掌控者。

（八）企业家健康风险与2AM法

2AM法可用于帮助企业家解决个人的健康风险。2AM法是指企业家们应当提高健康意识（Awareness）、加强锻炼活动（Activities）、做好情绪管理（Mood）、主动接触医疗资源（Medical Resource）。

例如，比尔·盖茨从来没有怠慢过自己的身体。只要一有时间，他就会走出办公室去运动锻炼。而当他工作繁忙没有时间出去锻炼的时候，经常会在纸上乱涂乱画，或者在椅子上前仰后合地锻炼身体的不同部位。在比尔·盖茨的生活中，随时运动早已成为一种习惯。股神巴菲特也常年承受高强度的工作，但看不出任何被工作摧残的迹象。相反，他总是思维敏捷、精力充沛。虽然在外界看来，热衷于汉堡和可乐的巴菲特的生活方式并不健康，但他始终秉持着"简单饮食、控制总量"的原则，既不贪吃也不贪杯，饮食有度，严格控制着自己的体重。在有限的闲暇时间里，巴菲特也是一位乐于运动锻炼的人。他从没有放松过平时的健身。从数年前开始，为了保持身体健康，他每周参加3次健身课程，而跑步是其中一个重要的项目，他因此减去了5.4千克的体重。在国内的企业家中，马云推崇气功与武术、张朝阳喜欢练瑜伽、王石爱好户外冒险。这些都是锻炼身体、放松身心的方法。

企业家并不缺钱，缺的是时间和管理自身健康的意识，尤其对存在的疾病的危害性和严重性认识不足。因此，必须唤醒自身的健康意识，树立健康的管理理念，将健康作为自身日常管理的一项重要工作来抓。只有这样，才能减少企业家的健康风险，防止出现"赢了财富、输了健康"的后果。

从上述应许八大风险应对方法可以看到，不同风险策略从风险回报率的角度看存在着差别。如果说最优策略应是通过减少风险来减少损失，那么风险控制便是最佳策略。通过减少风险因素、减少风险事件来降低风险概率、减少风险损失，从而能够保护收益。风险转换是次优策略，即选择最优的风险组合，实现风险收益的最大化。最次的策略是花钱买平安，即通过增加费用来减少损失。例如，风险转移策略通过支付费用，转嫁承担主体；风险对冲策略通过逆向交易，让风险冲抵。花钱买平安值不值得，取决于预期损失是否能覆盖住费用成本。与花钱买平安相反，如果风险损失本身就小于费用成本，还不如坦然接受。此时采取风险承担策略代表对风险的不屑一顾，选择直接接受；风险补偿策略意味着接受风险的同时愿意付出人力、财力、物力等补偿损失。当然，如果风险太大而其蕴含的收益又实在太低，还不如不承担，选择风险规避即可。

由此可见，出于风险效益最大化的目标，企业进行风险管理时首先应考虑风险控制策略，如表6-2所示。

表6-2　风险策略对比

效果	排名	策略	风险	损失	效益
风险减少 损失减少	1	风险控制	减少	减少	未知
	2	风险转换	减少	减少	减少
风险不变 损失减少 费用增加	3	风险转移	不变	减少	费用
	4	风险对冲	不变	减少	费用
风险不变 损失不变 费用增加	5	风险承担	不变	不变	未知
	6	风险补偿	不变	不变	费用
风险消除 效益消除	7	风险规避	无	无	无

（九）内部控制

辩证法认为，任何矛盾的两个方面的力量是不平衡的，一个是矛盾的主要方面，另一个是矛盾的次要方面。正是由于矛盾的主要方面的力量超过了次要方面的力量，在地位上支配矛盾的次要方面，所以矛盾的主要方面在决定事物性质中起主导作用。

主要矛盾的主要方面决定了事物的性质。因此，看问题不仅要全面，更要分清主要方面和次要方面。把握矛盾的主流才能把握事物的性质和方向。企业风险管理亦然。在找到了影响企业生存发展的主要风险后，也要找到主导主要风险的主要方面。

事实上，企业的大部分可控风险来源于企业内部经营，这代表着企业主要风险的主要方面是企业内部管理。由于开展风险管理工作时首先要考虑的是风险控制策略，基于这两项前提，所以对企业来说，抓住全面风险管理的主流就是做好企业的内部控制。

许多人对内部控制有一些认知误区，认为对于企业而言内部控制的"控"是一种限制。事实上，在一定的环境下，内部控制是企业为了提高经营效率、充分有效地获得和使用各种资源、达到既定管理目标而在企业内部实施的各种制约和调节的组织、计划、程序和方法。内部控制的目的在于提高经营效率，它不是控制，恰恰相反，它是企业发展的动力。

内部控制有一定的框架，它包括控制环境、风险评估、控制活动、信息沟通与交流、对环境的监控五个部分。

控制环境设定了企业内部风险管理的基调，传达了企业的管理意识，是内部控制的基础。风险评估是形成管理何种风险的依据，它确定并分析了对企业目标实现有影响的风险，是有效控制内部风险的前提。控制活动是帮助企业执行内部风险管理指令的政策和程序，是内部控制的重点。信息沟通与交流是连接内控各环节的纽带。信息系统产生各种报告，包括经营、财务、遵守规定等方面，使企业对经营的控制成为可能。对环境的监控是通过对正常的管理和控制活动以及员工执行职责过程中的活动进行监控，来评价系统运作的质量，它是确定内控是否有效及减少不测的关键。通过内部控制框架，企业可以在更好的位置将内控系统和已建立的标准进行对比，找出经营活动中存在的问题，并采取相应措施加以改进。

虽然许多企业已经进行了内控管理，但收效甚微。到底是什么原因导致企业内部控制制度迟迟不见效果呢？不妨先看一看以下三个场景：

场景一：领导"一支笔"审批，流于形式。领导"一支笔"，表面看起来似乎控制得很严格，不容易出问题，但事实上反映了内部控制方式的落后。例如，经办人员申请购买某种设备，而领导没有该设备经济可行性、价格合理性的相关数据，审批就会演变成一种过场。

场景二：说一套，做一套，制度放空炮。以中国航油（新加坡）股份有限公司为例，尽管公司有完整的风险管理规章制度，但遗憾的是这些制度并未得到有效执行，公司内部风险管理内控系统形同虚设，最终在一场交易中造成了超过5亿美元的灾难性损失。

场景三："救火式"的内部控制制度较多，制度体系缺乏系统性和完整性，甚至政出多门，相互打架。例如，今天发现电话费高了，就制定一个通信费管理办法；明天发现办公用品浪费严重，就制定一个办公用品采购与使用办法。很多企业的内部控制制度都是在发展中逐步建立起来的，经常是发现管理中出现了某种问题，才相应地制定一个制度规范。

通过以上场景呈现的内部控制问题可以看到，在实际工作中，很多公司因为不懂得如何进行内部控制设置，而导致公司出现重大事故；因为不知道如何将内部控制有效地嵌入日常活动中，而导致重大经营活动游离于监控之外；因为在执行的过程中不知道如何平衡内部控制的原则性与灵活性，而导致企业管理出现"两张皮"现象。在很多情况下，内部控制被贴上如下标签：内部控制就是制度、要求、规定、麻烦、增加了工作量、增加了成本、不方便、多此一举、没有实际意义、不愿意执行……这是内部控制形式主义的问题。出现这样的问题的原因是内部控制定位错位，内部控制是服务于业务，而不是限制从事业务的人。因此，有效的内部控制措施最终应落实在业务流程的关键节点。一切内部控制的前提都要具有业务合理性，而不是违背业务合理性迎合形式上的流程和制度要求。

据统计，企业内部风险点主要集中在两类部门：一类是负责与外部单位频繁接洽业务的部门，如采购部门、销售部门；另一类是负责物资管理或资金管理的部门，如存货管理部门、资金管理部门。对于资金、销售、采购、存货四大业务的流程和风险点，企业应当重点关注，依照内控框架制定可行之策，如表6-3所示。

表6-3　四大业务常见风险和控制措施

业务	关键环节	常见风险	控制措施
资金	投资方案确定	投资方案与企业战略不符	进行投资方案的战略性评估 对投资方案进行技术、市场、财务可行性研究
销售	销售定价	缺乏灵活的定价机制和信用方式	合理细分市场并确定目标市场，根据不同需求，确定定价机制和信用方式 综合考虑多方面因素，确定产品基准定价
采购	供应商选择	采购物资有质量问题，或出现舞弊甚至遭受欺诈	建立供应商评估和准入制度 按照公平、公正和竞争的原则，择优选择供应商，与供应商签订质量保证协议 建立供应商管理信息系统和淘汰机制，对供应商进行选择和调整，并做相应记录
存货	存货保管	存货保管不当，影响盘点与核算	建立存货盘点制度，由仓库人员定期进行盘点 对于盘点数额与账面数额出现的差异应当做出分析，提出处理意见

然而，纵使对企业内部各项关键业务的关键环节上的风险点采取了内部控制措施，其依然存在局限性。

安踏：最佳公司治理奖的 AB 面

一直以来，安踏高度重视自身建设。公司借助完善的专业化管理，从内控审计、工程审核、监察、重大合同审核等方面，评估企业内部的潜在贪腐风险，并制定相应的措施，从而不断提高风险管控能力。2019 中国企业 ESG "金责奖"组委会对安踏的获奖表示诚挚的祝贺，对其在日常经营中体现出的责任意识和实际行动深感钦佩。

继接连加入阳光诚信联盟和中国企业反舞弊联盟后，2021 年 4 月 27 日，安踏宣布成立"诚信道德委员会"，由该集团审计监察部、法务部、事务部、财务部、人力资源部五个核心部门组成，在为集团进行诚信道德建设、规范诚信道德制度、宣传诚信道德工作的同时，持续建立强有力的内控防线。

2021 年 11 月，安踏鞋采购副总监邹某祥利用职务之便营私舞弊，持续、多次向供应商索贿，金额巨大，影响恶劣，已涉嫌违法犯罪，被依法刑事拘留。

可以看到，对企业而言内部控制不是百分之百完全有效的。企业需要为所有可控的内部风险制定有效的内部控制措施，但也要接受内部控制的局限。内部控制的局限包括：范围局限，即内部控制无法控制不能预见的外部因素；时间局限，即内部控制不能用作事后补救；对象局限，即内部控制不是对人的控制。因此，除了做好内部控制，企业还应当启动其他防线来防范经营过程中面临的形形色色的风险。

五、本章小结

本章论述了风险管理对于企业的屏障作用。通过介绍风险管理的四大着力点，阐明对待风险管理的应有态度、开展风险管理的基本程序、组织风险管理的具体方法、深化风险管理的多样策略。

应许希望，本章内容能帮助企业得心应手地应对最常见的八大风险，能有的放矢地落实内部控制，让全面风险管理深刻融入企业的日常管理，令企业如虎添翼。

7

第七章

内审监察是
企业"毒素"的清道夫

企业全面风险管理以企业的业务部门等为第一道防线，以风险管理职能机构为第二道防线。当这两道防线无法百分百防范所有的风险时，企业将如何进行更为有效的全面风险管理呢？

黑格尔辩证法曾指出否定之否定观点。否定是事物的自我否定，是事物发展的环节。它是旧事物向新事物转变，是从旧质向新质的飞跃。否定是新旧事物联系的环节。新事物孕育产生于旧事物，新旧事物是通过否定环节联系起来的。辩证否定的实质是"扬弃"，即新事物对旧事物既批判又继承，既克服其消极因素，又保留其积极因素。因此，对于企业来说，当风险管理的第一道、第二道防线不能完全防范所有风险时，也需要进行自我"扬弃"。通过内部审计和企业监察的方式，一方面克服风险管理和内部控制的缺陷与漏洞，坚持风险管理治未病、抓重点的原则；另一方面清理内部的不当行为和不法人员，维护良好的管理秩序和稳定的经营效益，实现自我批判、自我更新、自我优化的目标。监察审计能够帮助企业清除其内部不具有操守的人员和一系列不端行为等消极因素，是企业"毒素"的清道夫。通过风险管理与监察审计的清理，企业运行更加有序、健康。

一、内部审计需要遵循纵横法则

内部审计是企业风险管理的第三道防线。它是现代企业应对各种风险的自然产物，可以在改善风险管理中发挥积极作用。但内部审计真正的起源，可以追溯到奴隶社会。它是随着当时社会的私有制、财产所有权和经营管理权出现分离的现象而出现的。作为财富的拥有者为了加强对自己财富的管理，往往会让自己最信任的人进行监督查看，进而产生了古代的内部审计。在中国、古代罗马、希腊等国家的历史上，对内部审计组织及活动都有相应的记载。

中国的审计思想由来已久，向上可追溯到西周时期。据《周记》记载，周王朝便设有了"司会"和"宰夫"两种官职，"司会"发挥会计稽核和控制的作用；"宰夫"则独立于财会部门之外，对官员进行考核评定。封建时代，古代内部审计继承了早期内部审计的思想，并且有了长足进展，更是出现了独立的内部审计人员，成为了这个时期的显著标记。以寺院审计为例，寺院为了保证财产安全，希望能够在各方面的管理上得到加强，因此配备了各种专职管理人员。但这个时候寺院又开始担心配备的管理员不够认真负责，担心会有贪污获利的情况出现，于是又配备了一些有专业知识背景的人来做审计，让这些人对管理人员的日常财务账户进行检查，这个设立检查的过程也就产生了寺院审计。

不管是在萌芽阶段的内部审计还是处于内部审计发展的初级阶段，所做之事还只是满足管理上的简单需求。经过长期发展，内部审计开始在企业组织结构体系中扮演评价、顾问和咨询的角色，重点也放在风险管理的评价监督和为管理层提供战略决策方面。

企业内部审计能够为企业增加价值，并提高企业的运作效率。它相当于企业的医生，定期给企业这个用户进行健康检查，并且可以为其提出适当的预防和管理建议。例如，中国铁道建筑总公司曾对 27 名拟提拔人员进行经济责任审计，从业绩、责任等综合角度帮助公司选人用人；再如，中国石油大庆油田公司从 2001 年到 2007 年共审计基建工程投资、维修费用、材料费用 288 亿多元，净核减 3.84 亿元，为公司节约了大量的投资和成本费用，准确评价了投资和费用的使用效果，揭示了公司在投资和费用的使用过程中存在的管理问题，促进了公司整体资金使用效率和效果的提高；又如百世集团建立了《百事内审标准》，据此检查《百事财务政策手册》在实际操作中有无漏洞，并不断完善。这些都说明内部审计有利于帮助企业解决方方面面的管理问题，提高整体管理水平。因此，企业拥有全科医生型的内部审计至关重要。

全科医生，顾名思义是具有独特的态度、技能和知识的医生，其具有向家庭中的每个成员提供连续性和综合性的医疗、照顾、健康维持和预防服务的资格。全科医生一般是以门诊形式处理常见病、多发病及一般急诊的多面手。而全科医生型的内部审计，要求内部审计不仅是单一的监督者，而且是监督、服务、评价职能并重的执行者，能够快速识别出企业在萌芽阶段的"疾病"并进行消除，从而起到预防、保健的效果，使企业健康发展。针对企业如何建立全科医生型的内部审计，应许提出做好内部审计的纵横法则。

法则一：内部审计纵向上需要贯穿风险的各个阶段

好医生善于治未病，好的内部审计同样如此。名医扁鹊曾说，在他兄弟三人中，大哥的医术最好，二哥的医术次之，他的医术最差。这是因为大哥治病，在病情尚未发作前就铲除了病根；二哥治病，是在疾病初起，症状表浅时施治；自己治病，都是在病人病情危重、痛苦万分之时才予以施治。对于企业来说，内部审计人员也应该强化风险意识，实施以风险为导向的审计。深刻分析企业风险在各个阶段的特征，以此明确审计工作的重点。如此一来，便可以将企业风险和审计过程相互结合，在确保审计质量的基础上控制公司的风险，实现第二道防线与第三道防线的高质量协同。

法则二：内部审计横向上需要全面拓宽审计范围

全科医生的优势是具备全面的知识、经验和技能，善于多维度去分析不同的病理病因。因此，企业内部审计也需要有跨界背景、系统思维的专业人员。企业内部审计不但要对企业财务收支活动的合法性与真实性进行审核、调查，严厉查处贪污腐败、资源浪费等现象；同时还要拓宽审计范围，开辟审计领域，对管理活动和财务活动的决策、生产、流通、资金运营轨迹等方面开展追踪调查，不断创新内部审计的新思路。

因此，企业需要提升内部审计队伍对于不同业务的审计能力。除了选拔和培养具备复合业务背景的专业审计人才，还可以从职能部门和基层选拔一批业务管理骨干人员，主要包括业务外包、劳务派遣、资产维修、固定资产投资、招标投标管理等相关领域，聘其为兼职审计专家，建立由相关专业人士组成的审计人才库。每位专家每年至少参加两次审计工作，以发挥其在财务管理、工程投资、工程造价、设备管理、人力资源等领域的专业优势。现场审计时，每个项目组都由内审部、职能部门人员及审计人才库的专家组成，共同对问题进行分析、定性，并在专业方面相互补充、相互促进。这有助于实现第一道防线与第三道防线的高效率合作。

那么，内部审计具体要如何实施呢？基本的七个步骤是明确审计任务、开展初步调查、组织风险分析、设计审计方案、实施审计活动、出具审计发现、形成审计报告。

第一步：明确审计任务

内部审计的任务目标千差万别，形式多样，但归纳起来包含以下五种：确认资源使用的效率与效果；确认法律、法规、制度、合同的遵循情况；确认资产的安全；确认经营报告的完整性与可靠性；确认组织目标的实现情况。

在实际内部审计工作中，突出的困难是能否对企业领导下达的审计任务做出正确理解。如果理解错误，不仅降低审计效率，而且还可能导致不必要的内部矛盾。一般来说，领导不会用专业术语下达审计任务指示，因此，审计人员需要凭借对领导的了解和组织的现实情况去理解、明确具体审计目标、审计范围、审计期间。如果有可能，要将自己的理解向布置审计任务的企业领导进行确认。

第二步：开展初步调查

明确审计任务后，需要对被审计的项目有基本的了解，从而对后面的审计工作做好准备，这项工作就是初步调查。初步调查的目的在于：了解被审计活动的情况、了解与被审计活动相关的法律法规和管理制度、了解反映被审计活动的信息介质及其特征，以及为后续步骤做好准备。

一般而言，初步调查包括以下步骤：①初始研究，包括阅读所处行业相关材料、以前的审计发现、审计工作底稿、组织图表、流程图、相关法律法规管理制度等。②形成文档，包括编制审计项目提示清单、调查问卷等。③组织会谈，包括制订会谈计划、实施会谈、整理会谈记录。④收集信息，包括计划信息、组织信息、指挥信息等。⑤梳理流程，包括对被审计的活动绘制出业务流程图、信息流程图、控制流程图。⑥建议报告，向主管领导提出扩大或者缩小审计范围的建议。

第三步：组织风险分析

风险分析是采用一种或多种方法对风险进行确认和利用，从而找出控制的薄弱环节，并对这些环节进行衡量，以确定审计的工作重点。这些方法包括流程图法、调查问卷法、矩阵分析法、列举法等。

在风险分析过程中，最难的是风险点识别。它需要分析者对被审计的活动有深入的了解，最好有管理类似业务活动的经验。如果审计人员不具备这个条件，可能的解决办法包括：阅读被审计单位以往的违纪记录、阅读本行业的风险报道、向被审计单位外有类似活动管理经验的人员请教、向被审计单位上级部门请教等。

第四步：设计审计方案

审计方案说明了将要采取的审计步骤，它告诉审计师将要做什么、什么时候做、怎么去做、谁去做、做多长时间。制定审计方案决定着审计的成败，对内部审计师来说是至关重要的。一个好的审计方案，不仅要综合考虑审计目标、控制风险、经营信息存在方式等因素，还要考虑审计资源使用的效率和效果。

确定将要做什么是制定审计方案中最难的，每个审计师的做法都不完全相同，但其中有一定的规律可循，基本的思路是：首先将审计任务分解为若干小目标；其次列出每个小目标存在的重要风险；再次找出重要风险与经营信息的相关性，确定需检查的信息；最后抽样检查信息表明的情况是否与标准（制度法规）一致。

第五步：实施审计活动

实施审计活动就是按照审计方案的规定，在经营信息中抽取样本，检查其反映的情况是否符合标准，并为后面的审计发现和审计报告提供证据。在审实施阶段，审计师可以采用各种审计方法，其中最为常见的有：观察、提问、证实、调查、复算分析、评估。多数审计项目都要求至少一种以上的审计方法。

在审计实施过程中要仔细、谨慎地做好记录（工作底稿）。这是因为审计发现和审计建议可能会受到被审计单位的反对。不管这种情况是否发生，审计人员都必须准备好足够的证据和事实。

第六步：出具审计发现

在审计实施过程中找出的、与规范或可接受的标准之间的偏离就是审计发现。审计发现以各种形式出现，如存在应该采取而没有采取的行动、发生被禁止的行为、有令人不满意的系统等。一个完整的审计发现应该包括但不限于：①背景，即从总体上描述经营活动所处的周围环境和情况的严重性。②标准，即在进行评价或验证时应用的标准、措施和期望值。③情况，即在检查过程中发现的事实证据。④差异，即比较情况和标准，两者之间的偏离。⑤原因，即标准和实际情况之间存在差异的原因。⑥影响，即由于存在差异，组织或其他部门面临的风险。⑦建议，即解决问题的方法。

审计发现有两个层次：一是不可接受；二是虽可接受，但有改善的可能性。因此，审计发现报告也有两种方式：一是审计意见，二是审计建议。

如果在审计实施过程中没有审计发现，说明被审计的活动很优秀，更应该做出积极的评价。提出审计意见或审计建议时，应该意识到自己也可能犯错，要仔细检查。同时，要与被审计单位的负责人及具体执行人进行沟通，听取他们的意见，并把这些意见记入工作底稿。

第七步：形成审计报告

内部审计报告有三种功能：一是沟通；二是解释；三是说服和必要的时候发出采取行动的呼声。

为了得到报告接收者的重视，在审计报告的编制过程中要做到：以阅读者容易理解的方式明确解答其关心的问题；体现审计人员的职业化及权威性；简单明确地对审计结果的剖析；证实内部审计对管理者的意义。

为了使报告接收者阅读方便，审计报告的编制应分三个层次：①审计导言，即简单说明审计背景、审计目标、审计范围、审计发现和总体评价。②审计结果汇总表，即将审计发现以表格的方式列出，表中包括但不限于：经营活动、控制节点、风险评估、存在问题、产生原因、影响程度、改进建议、被审单位意见等。③详细审计报告，即对所有的审计发现都以文字的方式列示出来，并与前两个层次相呼应。

通用电气公司：百年高效离不开内部审计

美国通用电气公司（以下简称通用电气）成立于1878年，是美国最大的产业公司之一，也是世界上最大的综合技术和服务多媒体公司。截至2019年，通用电气年营业额达1202亿美元，员工人数达到28300人，在世界500强中排名第48位。通用电气自1896年道琼斯工业指数发布以来，没有任何跌落的痕迹，一直被称为世界上最负盛名的公司。通用电气长期稳定的高效运转离不开它完善的内部审计。

在开始一个审计项目之前，审计署组织审计小组对即将面临的工作进行头脑风暴，在短暂的时间内，对这项工作进行充分的认识，集思广益，接受每一位有过此项工作经验者的意见，每一个人在自己的头脑中进行了一次高强度的知识吸收，这一过程便是确定这项工作目标的过程。对于审计署来说，其唯一目标就是解决问题。

为了达到最终的审计目标，在整个内部审计过程中可以以任何方式进行。审计人员可以随时安排谈话、调查会、收集材料等，之后分析每个问题将会带来的影响，进而整理好思路，最终达到解决问题的目的。在通用电气，内部审计绝不仅仅是对每一笔数目的核对与核算，重点是帮助公司完善商品服务与质量，充分合理地开发公司资源，提升企业经营利益。因此，审计人员更愿意关注那些可能出现问题的高风险项目，或者说是影响公司决策的重大方面。为了发现问题，审计人员不择手段，最终提出一个所有人都能接受的解决方案，但是对于通用电气来说，形成最终的解决方案并不是此次审计的关注点，更多人的关注点是监督被审计部门有效地落实方案才肯罢休。

在通用电气的审计委员会成员中，有80%在金融和金融领域拥有专门知识，有15%同时具备专业和管理能力。通用电气内部审计的决定权归董事会所有，所有的审计负责人都必须同时把第一手资料和报告交给本公司的负责人和副总裁，所有的报告必须交给两个职权完全独立的领导来审查，以确保审计报告的客观性。

通用电气为自己量身定制的独一无二的内部审计模式超越了账本，其经营状况、资金的使用状况等在这一模式下实现了有效的控制，公司的日常运作受到严格的监督。这一模式培养了大批优秀的内部审计人才，而且为公司树立了良好的企业形象，因此成为企业内部审计史上一个不可多得的值得借鉴的成功案例。

二、内部监察要遵循监察六部曲

监察是什么意思？"监"是指监督，"察"是指仔细看。顾名思义，"监察"就是通过仔细看进行监督。对于企业而言，监察就是监督企业内部工作人员的工作，并查看、检举违法失职的人员。

虽然同样是服务于企业管理经验的监督工作，但监察和审计是不同的。企业监察与内部审计的主要区别有以下四个方面：

（1）工作对象不同。审计部门一般只对事，不对人。审计部门主要是对经济事项按照审计流程开展检查，在检查过程中，也会有对问题当事人的问责建议权。而监察部门更多地针对经办经济事项的主体，是针对个人经济问题、道德问题、法律问题等进行调查并追究其责任。

（2）工作范围不同。监察部门查案、办案一般是针对某一件或某一类具体事项，围绕这一件或这一类事项开展调查。而审计部门的检查，除非专项审计，一般都是先对整个业务流程进行风险分析和控制测试，然后开展有代表性的抽样，并开展实质性测试，最终发现审计线索。

（3）工作结果不同。监察部门的检查结果往往会有"坏"的结果，就是找到处罚人和"处理"人的相关证据，证明当事人确实犯了错。而审计检查不一定会有"坏"的结果，被审计单位没有重大问题就是没有重大问题，审计人员已经按照标准化作业流程进行了规范检查，并遵守了应有的职业准则。

（4）组织实施程序不同。一般来说，监察部门不会主动出击，往往是接到举报才会开展调查。而审计部门更多的是先制订审计年度计划，按照年度计划逐步完成年度审计任务。审计部门一般是主动出击，主动寻找风险点，开展风险评估，然后决定是否采取进一步措施。

虽然内部审计已经构筑起企业全面风险管理的第三道防线，但是对人员的监察体系依然存在必要性。企业监察体系能够将人——企业中最大的变数纳入全面风险管理的范畴中，避免了更多由人员本身带来的侵害。

知耻而后勇，合规写进基因

诞生于 1847 年的西门子股份公司（以下简称西门子）如今已走过 170 余年。虽然这家从电报技术起家的电气公司历经了两次世界大战，但却在不断壮大，成为全球电子电气工程领域的领军者。西门子曾连续两年荣登工业产品与服务行业榜首；连续六次成为行业内最佳可持续发展公司，并被评为行业超级领袖，其中"合规"类别连续五年保持最高分。然而，2006 年西门子却因贿赂丑闻而陷入生死危机，命悬一线。

2006 年 6 月，由于卷入腐败丑闻，作为世界电子电气工程领域的巨头，西门子迅速登上全球各大媒体头条，历时 150 多年建立起来的商业信誉和形象毁于一旦。西门子面临的危机包括禁止投标、高达天文数字的罚款、持续数年的法律诉讼、对声誉和业务的长期影响等。西门子监事会决定立即行动，实行自救。

经历了两年的合规整改，西门子最终浴火重生。如今的西门子建立起了坚固的监察系统，具体内容为：全球特派调查官——通常由执业律师担任，若发现公司人员存在违反商业行为准则甚至违反刑法的可疑行为，可以将这一信息提交给公司合规办公室；后者据此启动专项调查程序，以及"Tell Us"平台——全天候（24/7）的合规帮助平台。员工、客户以及合作伙伴均可通过多种语言，对公司内部的任何违法、违规或者犯罪行为进行网络或者电话举报。

由此可见，企业内部监察能够协调对接、加强信息沟通，充分发挥监督职能，监管企业内部的环境作风，确保企业经营正常合法，为安全稳固的企业生存环境提供了有力的支撑。

企业监察工作的大道是采取阳谋制胜的路线，通过综合运用企业监察工作的方法和经验，有效地实现查实舞弊事件的目标。在前期准备或接到举报时，形势对监察工作来说是不利的。监察调查组应在内部取得认知上的高度一致，并团结一切可以团结的力量。随着优势和资源的不断积累，通过正规的思路和手段，事情必定会出现一个契机或转折点，继而得以迎刃而解。基于此思路，应许提出企业监察六部曲，作为做好监察工作的指南。

第一部：获取线索

在接收举报及线索获取阶段，监察人员应分清举报和线索的差异。如果只是被动等待举报再开展工作，会使工作面变得非常窄。而通过提前明确线索的概念，能够让监察工作打开思路，主动收集获取线索，掌握监察工作的主动权。

第二部：研判分析

在研判分析阶段，监察人员需要考虑两个问题。第一个问题是是否受理举报或线索，解决这一问题需要监察人员明确监察工作的受理标准。第二个问题是何时启动监察工作，解决这一问题需要监察人员充分考虑举报线索的紧迫程度、举报线索的严重程度、被调查单位及对象的目前情况、案件调查总体计划及人员安排等因素。

第三部：监察准备

在前期准备（进场前）阶段，监察人员需要做好相关的准备事项，搜集相关人员的简历、背景信息，以及掌握事件涉及的业务、关键环节情况。需要注意的是，前期准备的目标不是"有罪推定"，而是厘清案情脉络，使工作更有条理。

第四部：证据整理

在证据收集整理阶段，监察人员需要对收集的证据进行整理，发现问题，并锁定关键证据。很多时候即使决策合规、审批合规、流程合规，也不完全代表不存在舞弊问题。甚至大多数的舞弊事件都是在流程发起部门内部产生的，其他流程环节只能起到形式审核的作用。因此，证据收集环节需要监察人员有极强的专业性和敏锐度。

第五部：人员访谈

在人员访谈阶段，监察人员需要与内外部相关人员开展全面访谈。在访谈中应建立起互信机制，有的放矢，除了对被访谈人员做好宣贯教育，也要视情形及时做好监察实施策略的调整优化。

第六部：最终访谈

在监察尾声阶段，监察人员需要开展案件的最终访谈。只有当监察案件脉络基本清晰、确凿证据已被获取、违规的明显问题已被发现时，才具备了最终访谈的前提。

华为：遏制内部欺诈的监察活动

2015年1月，华为的创始人任正非罕见地出现在媒体面前，称该公司开展了一项监察活动，旨在遏制公司内部的欺诈行为。

作为这项监察行动的部分内容，华为告诉员工，如果在2014年12月31日之前主动承认其在自己职业生涯中有何违反公司政策的行为，他们将被宽大处理。在本次监察行动中，员工承认的违规行为除轻微的情节外，还有向公司谎报财务信息，甚至还有贿赂和腐败。如果是最后期限之后发现的情况，都将直接被移交政府。

任正非在采访中表示，这项行动实施后，已有四五千名员工站出来承认各种不当行为，且许多员工在公司的职务相对较高。此项监察工作充分发动了公司内部的力量，主动出击，为华为的合规经营起到保驾护航的作用。

在经济全球化的影响下，企业若要在激烈的市场竞争中立于不败之地，就应提高自身的管理水平。监察工作是企业正常运行的保证和基础。深化企业管理中的监察管理，可以有效提高企业管理水平，促进企业管理的进一步发展。在深化监督检查的过程中，监察部门要根据企业实际经营情况，开展有针对性、有实效的监督，完善企业现有的效率监察稽核机制，确保企业监督工作顺利进行。

三、本章小结

本章论述了内部审计与监察对企业的排毒作用。两者因其专业性与独立性，所以监督着企业的日常经营活动，以确保风险管理的各项措施得以落实、组织的运转规范有序。

应许希望通过本章内容可以让企业真正领悟内部审计与监察对于企业的不同意义，并能遵循内部审计纵横法则和监察六部曲，在企业内部顺利开展这两项工作。内部审计的高效实施能帮助企业将风险管理的三道防线实现高效协同，监察的高质量组织能帮助企业将最不易把握的人为因素实现合理控制。做好内部审计与监察，是新时代企业的共同命题。

后 记

应许深耕于企业管理咨询业多年，积累了大量的企业管理理论研究知识与企业管理咨询经验，我们不敢自恃，特著此书与关心企业管理的各界人士分享。

从来没有绝对的管理权威，知识是随着时代、实践以及科学的发展而不断发展的，理论体系亦然。值此百年未有之大变局，危机、挑战与机遇并存，在国内大循环背景下探讨企业的出路，企业管理的出路是有时代性和现实性的。

虽然事物发展的细节和内容千差万别，但如果能认识到矛盾的普遍性，抓住重点和主流，那么就能解决大部分问题。

如果我们记得，每个企业都是一个生态系统，是系统内各个组织有规律的组合，才构成了有生命力的企业体。我们看待问题时放眼全局，对企业中的任何问题、任何事物、任何现象，都能从系统的角度去思考。

如果我们记得，企业管理尽管复杂，但可以被解构。企业与人体何其相似，以企业大循环为基础、以小循环为活力源泉、以淋巴循环为防御屏障，三大循环在所属"轨道"上有序运行，并相互作用、相互影响。

那么，我们撰写此书的主要目的就已经达到。

真诚感谢各位读者，若著成一家之言，且当博观而约取。

许雅珺

2023 年 1 月 3 日